W0272403

TOI L'OURS, MOI LA POUPÉE

JEAN YANNE ET MOI

Du même auteur

La Folle Enfant, Édition° 1, 1983
La Guerrière, Édition° 1, 1986
Laisse faire l'été, Édition° 1, 1988
La Femme en clé de sol, Éditions Denoël/J'ai Lu (1993-95)
Je n'irai pas jouer, Éditions Ramsay, 1998
L'Étouffe-Cœur, Éditions Flammarion, 2000
Les Dents du bonheur, Éditions Flammarion, 2001

Nicole CALFAN

TOI L'OURS, MOI LA POUPÉE

JEAN YANNE ET MOI

Michel LAFON

Directeur de collection
Éric Portais

*Tous droits de reproduction, d'adaptation
et de traduction réservés pour tous pays.*

© Éditions Michel Lafon, 2004
7-13, bd Paul-Émile-Victor, île de la Jatte,
92521 Neuilly-sur-Seine Cedex

À mes deux fils adorés, Jérémy et Michaël,
de la part d'une jeune fille inconnue
qui est devenue leur maman.

À mon mari Jean-Marc,
qui a l'intelligence d'ignorer
du passé toute jalousie,
car il m'aime telle que je suis.

Avec mes remerciements
à Tito Topin,
à Gilles Durieux
et à Ginette Garcin.

– Préface –

Lettre à Nicole par Tito Topin

Ma chère Nicole,

*Je cherche à me rappeler du jour où Yanne m'a présenté à toi. Quand je le demande à ma femme, elle non plus ne s'en souvient pas. Était-ce l'hiver ou l'été ? Plutôt l'automne, après le tournage d'*Êtes-vous fiancée à un marin grec ou à un pilote de ligne ? *Tu as surgi d'un seul coup à ses côtés et nous nous sommes adoptés dès cet instant que je suis incapable de dater...*

Tu l'appelais Jean, *laisse-moi l'appeler* Yanne, *je le fais depuis qu'il m'avait confié que ses parents le nommaient ainsi quand il était petit, aux Lilas. Son pseudonyme venait de là.*

Je me revois avec lui – sur la petite terrasse de ce restaurant de la place du Marché-Saint-Honoré où nous avions nos habitudes – m'expliquant avec son bon rire comment il t'avait séduite. « Je lui ai dit qu'avec les femmes j'aimais bien passer ma langue dans le train, elle n'y a vu aucune vulgarité, elle a cru que je lui causais de la SNCF et, comme elle aime les voyages, elle a fait ses bagages et m'a suivi. » C'était sa méthode, il supportait mal son physique, il préférait se dire qu'on ne pouvait l'aimer que sur un malentendu. Toi surtout, si belle, si lumineuse. Ce ne pouvait être qu'une erreur d'aiguillage, pour rester dans les chemins de fer.

C'est aussi un malentendu qui nous avait réunis, lui et moi. Le directeur des Éditions Casterman nous avait commandé une bande dessinée, lui parce qu'il avait une émission dans une radio réputée bien-pensante, moi parce que je dessinais pour la bonne presse. Succès immédiat avec La Langouste ne passera pas *mais, en dépit des ventes, fureur du clergé proche de cette brave maison d'édition belge au vu de l'ouvrage terminé. « Vous êtes un suppôt du diable ! – Non, un* suppo *de l'anarchie dans le cul de la bourgeoisie ! » avait répondu Yanne. Je nous vois hurlant de rire à cette évocation en roulant à tombeau ouvert dans la Porsche que tu as connue, Nicole, pour aller retirer nos droits d'auteurs qui tombaient drus comme de la grêle sur le compte numéroté d'une banque discrète de Tournai. Dans nos têtes, cette vieille ville mérovingienne de Tournai prenait des allures de Las*

Vegas. Le fisc, déjà. « Vous êtes fous, ça va mal tourner », disait ma femme en empochant les billets.

Elle se nomme Nicole, ma femme, comme toi. Nous avions chacun notre Nicole pour nous aimer et nous soutenir. La mienne se souvient toujours du 1er mai : il n'oubliait jamais de passer avec son brin de muguet. Il était plein d'attentions pour ceux qu'il aimait. Je nous vois tous les quatre terminant la nuit au Rosebud devant une soupe au connard où l'on bouffait du curé, du de Gaulle, du CRS, du Pompidou et de l'Alice Sapritch. On y refaisait aussi la poitrine de Jane Birkin, le pif de Golda Meir et autres performances toutes aussi indispensables à l'édification d'un monde meilleur.

Yanne le provocateur, l'anar, la rébellion en bandoulière, une blague dégoupillée au bord des lèvres, la voix canaille, toi toute en douceur, en candeur. Je l'imagine te chantonnant l'Ave Maria, te citant du Péguy lardé de bas morceaux de la Bible, te récitant les douze Oraisons funèbres de Bossuet qu'il connaissait par cœur va savoir pourquoi, je l'entends t'avouant comme à moi qu'il tenait José Maria de Heredia pour un dangereux escroc en poésie, et la poésie comme indigente. « Quoi de plus idiot qu'un poète qui compte ses pieds ? » m'avait-il un jour demandé. « Même le militaire le plus borné sait qu'il en a deux. Un-deux-un-deux. » Il s'arrête brusquement pour compter sur ses doigts. « Quoi de plus idiot qu'un poète qui compte ses pieds ? Merde, j'ai encore *fait un alexandrin ! » Il a dû te dire aussi que* Belle du seigneur *était pour lui le plus grand roman de tous les temps. C'était un grand sentimental.*

Il a connu Jean-Pierre Rassam et ils ont créé Ciné-quanon, avec l'idée de produire des films de manière différente. Très vite, il s'est opéré un double transfert entre eux. Jean-Pierre s'est voulu plus provocateur – plus délirant – et Yanne s'est fait plus producteur, plus grave. Ils ont fait de la surenchère pour s'épater l'un l'autre. C'était à qui s'engageait dans le projet le plus insensé, le plus cher. Le plus désespéré. Le fisc relevait la tête. Yanne a fait un accident cardiaque.

Tu lui as offert une petite boîte en argent afin qu'il ait toujours sur lui les petites pilules chargées de booster la machine en cas de nouvelle crise, et comme tu ne voulais pas qu'il se sente traité comme un malade, tu m'as offert la même en nous disant à tous les deux : « Vous pouvez en avoir besoin. » Je l'ai encore. Elle est près de moi, à portée de la main.

Le bel album de notre jeunesse s'était refermé. Je ne trouvais plus aucun plaisir à dessiner pour d'autres, il ne pouvait y avoir d'aventure plus belle que celle que nous avions vécue.

J'ai vendu ma jolie maison de la Villa Léone, j'ai quitté Paris, abandonné crayons, feutres et pinceaux pour acheter une machine à écrire. Lui est parti faire l'Américain à Hollywood, loin des huissiers, moi j'ai écrit des polars où le héros lui ressemblait.

Des années plus tard, mes scénarios nous ont permis

de nous retrouver. Yanne a interprété quelques personnages que j'avais écrits et où je m'étais amusé à lui donner ses propres répliques. C'était facile : j'avais tous ses dialogues dans ma musette. J'aurais tant voulu vous rassembler dans un film, j'aurais recréé le couple du Marin grec, *Annette et Roger Blanchard. C'eût été facile : j'avais toutes vos histoires dans ma musette.*

C'était trop tard, la vie l'avait usé, tu le sais comme moi, nous le suivions de loin. Il vivait sur un cimetière, m'avait-il dit à Lisbonne – dans la dérive d'une nuit blanche – à la fin d'un tournage. Jean-Roger Caussimon, Gérard Sire, Jean-Pierre Rassam, Michel Magne (pour ne citer qu'eux) étaient morts, quelques-uns de façon brutale, et il se disait amputé par la perte de ses amis. « Je vivais comme une ombre / j'avais des idées sombres / faisant partie du nombre / des desperados. » Il ne se doutait pas à quel point il parlait de lui quand il écrivait cette chanson.

Le fisc harcelait avec constance et délectation l'anar fatigué qui continuait à le défier. On passe l'éponge à des prédateurs d'entreprises, pas à un artiste : il est trop dangereux pour le bon ordre du monde.

Quand la douleur s'est faite trop forte, il n'avait plus sur lui ta petite boîte en argent.

À la télé, je l'ai vu répéter post mortem sa propre mort dans un épisode poignant des Thibault *qui m'a mis le cœur sous la moquette.*

Marre-toi, mon salaud, tu m'as fait chialer.

Et toi, *tu as rejoué sa mort dans une scène de la série* Malone *que j'avais écrite sans pouvoir imaginer qu'elle serait aussi tragiquement prémonitoire...*

Là-haut, « dans les bras de Jésus », lui qui disait préférer Jean-Sébastien Bach au chant des oiseaux, lorsque le Grand Bignole lui a demandé s'il voulait que le chœur des anges lui joue quelque chose, je l'entends encore lui répondre : « Qu'ils jouent aux dominos. »

Tu te marres toujours.

Tes amis beaucoup moins.

Je t'embrasse, Nicole.

Ton pote,
Tito TOPIN

– Préambule –

par Nicole Calfan

Funérarium des Lilas,
le lundi 26 mai 2003.

Mon Jean,

Dans un couloir gris où se déhanche un ventilateur, on vient de m'ouvrir une porte. Un cri étouffé me rejette en arrière, un cri du corps devant une halte qui déchire.

Je ne peux pas. Je n'y arriverai pas.

Figée sur le seuil brûlant de cet après-midi d'été, je force mon regard à t'apprivoiser.

Je te vois, étendu, mort.

Tu sembles à l'étroit dans ton cercueil de chêne.

Tes rondeurs en imposent, elles sont la vie qui va. Je n'ai qu'à faire un pas pour te rejoindre.

Me voici dans le froid de la chambre. C'est bien ta chambre, mais celle-ci est mortuaire.

Où sont les voilages dégradés de bleu qui s'ouvraient sur notre bois de Boulogne ? Où sont passés nos cavaliers chinois sculptés sur bois ? Qu'est-il advenu de nos vies trébuchantes qui nous ont mis toi et moi à genoux, mendiant parfois corps et âme pour un peu de bonheur facile ?

Me voici avec toi, au milieu de nulle part.

Je m'avance, et c'est moi qui murmure : « N'aie pas peur, Jean... »

Je cherche tes mains pour les réchauffer.

Elles sont cachées sous le drap blanc.

Je te prends dans mes bras, maladroite, je m'y blottis, mais tu es froid comme un pain de glace. Tes joues sont dures comme une croûte gelée. Je dépose un baiser au coin de ta lèvre amusée et, lorsque je la frôle, c'est comme si je portais un esquimau à ma bouche.

Je te caresse la tête, là où tes cheveux ont été soigneusement peignés. On ne voit pas le trou de la calvitie, derrière, tu serais content.

Je me penche et, un bras en appui de chaque côté de ton corps, je renifle ton odeur qui ne sent plus rien.

Rien de toi.

Obstiné que tu es ! Regarde où nous en sommes, regarde ta vie et regarde la mienne ! Tant d'efforts... Tant de résistance...

Jean, il faut donc que tu sois mort pour que je puisse enfin t'embrasser ? Enfin seuls, toi et moi ?

Plus personne avec qui te partager.

Plus de jalousie, d'interrogation ni de doute.

La paix avec le silence. Moi pour toi, toi pour moi en ce face-à-face mortifié.

Ceux qui m'aiment, ceux qui savent me comprennent. Ils ne me posent jamais de question, ceux qui m'aiment.

Ils m'aiment et te tolèrent.

Tu n'es pas très gênant : tu fais partie de mon univers, à la fois invisible et envahissant.

Lorsque j'évoque ton empreinte, ceux qui m'aiment se taisent.

Je n'ai jamais triché sur mon manque de toi... Sur mon avidité à me dire chaque matin : « Et comment il va, aujourd'hui, mon Jean ? »

Ou bien je le cache, ou bien cela m'échappe... Mais ceux qui m'aiment savent que je suis rentrée d'un grand voyage sans toi, que l'on s'est perdus en chemin, mais qu'avec le temps on s'habitue à tout. L'homme est si précaire et si misérable...

Quelle dignité, quand j'y pense ! Quelle connerie ou quel courage ! Quelle pudeur et quelle retenue !

Toutes ces années sans toi... Pas même une amitié tendre. Pas même une carte postale au coucher de soleil orangé, ni de messages sur un répondeur. Aucun signe de vie qu'un silence, désiré par toi, volontaire. Un silence mortel. Accepté par moi.

Bien obligée.

À peine revenue de tes funérailles, je retire les bas noirs que j'ai portés pour toi. Ils sont encore chauds.

« Je ne te demande qu'une seule chose : le jour de mon enterrement, mets des bas noirs... tu veux ? »

Tu riais, tu riais : c'était il y a trente ans !

Moi qui n'en ai jamais porté, ni pour toi ni pour mes autres hommes, je les ai enfilés par respect, par fidélité. J'espère que, de là-haut, tu t'es bien rincé l'œil...

Sous ma robe-manteau de chez Torrente, aux fines rayures tennis bleues et blanches, j'avais enfilé des bas jarretières achetés la veille dans un joli magasin de lingerie fine. Pour toi, je les ai portés dans l'église des Lilas.

J'ouvre mon ordinateur, je t'écris, je te parle, je reprends la conversation là où nous l'avions laissée – où je l'avais laissée – puisque depuis plusieurs années avec toi je monologue, faute de t'avoir comme interlocuteur.

Je te sens tout près, à nouveau protecteur. Mon protecteur...

Je me sens plus légère, étrangement plus propre, plus exacte.

La force que tu me donnes – en me quittant pour toujours – n'a rien de spectaculaire, sauf qu'elle ressemble aux couleurs de la vie.

J'en suis surprise, impressionnée, mais de toi rien ne m'étonne vraiment.

Je viens d'apprendre ma leçon, je l'ai retenue.

À présent que je la connais par cœur, je n'en ai retenu qu'une seule chose : je ne t'ai pas assez demandé pardon.

J'ai compris. Ça va...

Je viens enfin de réaliser que je n'étais pas la seule à souffrir. Il m'a fallu tout ce temps, Jean. Pardon.

Ceux qui t'ont le plus aimé, Jacqueline ta première femme, Gilles Durieux et Ginette Garcin, sauront comprendre pourquoi à eux aussi je demande pardon, puisque tout autant que moi ils t'ont adoré et que je suis la seule à t'avoir quitté.

Nicole CALFAN

– Première partie –

T'écrire, c'est t'aimer

– 1 –

Une souffrance mise en pages

Sur la vieille Underwood de mon père, je tape avec deux doigts.

La machine a écrire avale mes feuilles blanches avec mes carbones, imprime mes larmes qui font des nuées sur les paragraphes.

Mon chien Loulou (vautré en boule sur la table de fonte qui me sert de bureau, le museau entre les brouillons griffonnés et illisibles, la truffe pointée vers la porte d'entrée), mon chien Loulou et moi – donc – attendons Paulette pour lui annoncer la bonne nouvelle.

Le cendrier est plein de cigarettes, la fumée se faufile en voltigeant vers la fenêtre entrebâillée sur le boulevard Flandrin et le chemin de fer de la petite ceinture.

Une bougie a fondu sur son rebord d'étain.

L'appartement blanc est silencieux, comme après une chute de neige.

Seuls les clic-clac de la machine à écrire appellent au secours. En morse.

– Si c'est pas malheureux ! s'exclame Paulette, la clef de la porte de service dans la main. Ouvrez les fenêtres, Seigneur !

Look, dit Loulou, aussitôt réfugié dans son giron bas, petit mâle insistant, s'y frotte d'un peu trop près.

Je me lève, étire les bras, me fais craquer une vertèbre et, malicieuse, un doigt sur la bouche :

– Chut ! Pas si fort, Paulette, nous avons eu de la visite !

Je l'entraîne, sur la pointe des pieds, vers la porte de ma chambre que j'ouvre avec précaution, sans la faire grincer.

Dans la pénombre, une forme se dessine sous la couette froissée. Une paire de Weston de couleur claire gît en vrac, abandonnée, au pied du lit.

– C'est pas trop tôt ! marmonne Paulette en refermant la porte avec plus de précautions encore que je n'en ai mises à l'ouvrir.

Loulou s'attaque à son sein droit en un va-et-vient rythmé et Paulette lui dit, en le décrochant de sa mamelle :

– Toi aussi, ça te ferait du bien ! Fais comme ta mère ! Hier, elle, elle a enfin eu de la visite ! Allez, viens ! On va pisser !

Très vite elle se retourne, les joues rougies de mon propre plaisir :

– Madame Nicole, vu qu'aujourd'hui je ne vais pas passer l'aspirateur, ni faire la chambre pour ne pas réveiller le monsieur de la visite, je reviendrai plus tard, si vous le voulez bien ! En attendant, je vous remonte Loulou puis je descends faire le ménage chez mon don Juan de monsieur Sobietsky !

Paulette veille sur les épanchements prolifiques de son patron du sixième comme sur l'abstinence alarmante de sa patronne du septième que je suis. Je crains qu'entre nous deux elle ne trouve jamais son compte car – entre la garçonnière du sixième et le harem du septième étage – les choses de la vie ne semblent pas, au goût de Paulette, trouver leur juste mesure. Même qu'elle a dû y penser, à les présenter l'un à l'autre, ses deux protégés... Et puis, entre employeurs, ça se fait !

Hélas pour Paulette, le Sobietsky du sixième et la Calfan du septième ne se courtisèrent jamais comme dans les romans de gare qu'elle aimait à lire en empruntant le train, le long de la voie ferrée de la petite ceinture.

Vite, vite ! Entrons dans la chambre à mentir.

En veillant aux embauchoirs, j'enveloppe soigneusement dans leur housse de tissu chamois la paire de chaussures. La boîte de Weston trouve sa place au fond du placard à médicaments de la salle de bains où s'entassent, pêle-mêle avec mes somnifères, deux slips d'homme et deux caleçons.

Atroces subterfuges.

À coups de poing l'oreiller et la couette reprennent forme humaine, et les empreintes fantasques de mon homme invisible s'effacent.

Qu'est-ce qu'il ne faut pas faire pour avoir la paix chez soi et prévenir les lamentations d'une domestique dévouée à votre survie !

*
**

Ne pas lire un journal, ne pas regarder la télévision, ne pas commencer la lecture d'un nouveau roman.

Écrire.

Souffrir, mais en laissant au moins quelque chose de soi, quelque chose de nous deux, moi et toi, Jean, agrippés à de l'encre noire qui crache.

Écrire.

*
**

« Cette paire de boutons de manchettes en lapislazuli, il y a longtemps que j'en avais envie pour lui. C'est cher, mais pour lui rien n'est trop beau.

» Maintenant que je les ai, blottis au fond de mon sac, j'ai chaud partout, comme si je venais d'échapper à un grave danger, ou comme si je venais de faire quelque chose de mal.

» La voix du chauffeur de taxi me rassure, puisqu'il me conduit vers l'homme que j'aime comme à un premier rendez-vous mystérieux, dans un quartier où je ne serais jamais allée.

» À travers les vitres embuées, je regarde la pluie fine et les phares des voitures qui clignotent comme des yeux de chat tout jaunes.

» Un journal humide déplié sur mes genoux, je sors de leur boîte les petites billes bleues – je referai le paquet très vite –, il faut que je les touche. La vendeuse avait raison, c'est cher mais c'est beau.

» J'imagine les boutons de manchettes à ses poignets...

» La première fois qu'il m'a offert un cadeau, c'était une veste de fourrure bariolée et immettable, froissée en boule au fond d'une caisse à outils. J'en avais fait, en battant des mains, une boîte à maquillage qui pouvait contenir tous les flacons de la salle de bains, et de la veste en fourrure il avait fait un abat-jour.

» Un soir, au pied d'un sapin de Noël, en plein mois de juillet, j'avais trouvé dans l'entrée un vélo rouge. (Il m'assura qu'avec mon mètre soixante il me fallait une taille quatorze ans. On l'avait "essayé" aussitôt, dans la pénombre du bois de Boulogne ; il me poussait par la selle, ravi de constater que mes pieds traînaient par terre. Il me voulait petite. Pour lui je n'avais pas le droit de grandir.)

» Et vingt et une chaussures dépareillées pour

mes vingt et un ans – une pour chacun de mes pieds.

» Et un collier de chien fait sur mesure pour enfermer mon poignet, avec gravé “bonjour”. »

« Ma maison, je devrais dire *sa maison* est une plage toute blanche au milieu du bois.

» La moquette y est si épaisse que mes talons s'y enfoncent comme dans du sable.

» La plupart du temps je me déchausse sur le pas de la porte, comme à l'entrée d'une mosquée.

» Ce qui l'a séduit, en visitant l'appartement, ce sont les ours.

» Du balcon, on a une vue plongeante sur le Jardin d'acclimatation. On vit dans les arbres et, au mois de mai, j'en veux aux marronniers d'être en fleurs, car ils me cachent les ours.

» Le matin, ce ne sont pas les cris des moineaux qui nous réveillent, ni les coucouroucoucous des pigeons, mais les barrissements des éléphants et les chahuts des chimpanzés.

» Le jour où il m'a prise chez lui, j'ai veillé (sur les recommandations de ma mère) à entourer la clef de l'appartement d'un ruban rouge. C'est une coutume juive qui vous assure, paraît-il, les joies d'une nouvelle demeure.

» Le rouge était-il assez vif ? Le nœud mal fait ?

» Il ne porte plus, me dit-il, de boutons de manchettes. Mais il veut bien changer pour moi.

» Nous nous sommes couchés, chacun de notre côté, pour lire chacun de son côté. Plus tard, il éteindra la lumière. Il aime me prendre dans l'obscurité.

» Je suis dans ses bras, je m'étire avec son odeur de Monsieur Givenchy sur moi, je regarde la chambre, je détaille les cavaliers sculptés sur bois qui affrontent les dragons. C'est beau, tout ce bois doré sur le mur bleu marine, en face du lit...

» Les tulipes jaunes que j'ai plantées en octobre sur le balcon commencent à sortir.

» Je les vois couleur de ciel à travers les voilages qui baignent la chambre d'une lumière effacée et presque froide.

» ... Les oignons, je les avais enfoncés du mauvais côté dans la terre, mais la nature est obstinée et la tige a simplement fait un détour pour pousser. »

*
**

Les premières pages de ce premier roman, je te les dois, Jean, je les dois à notre séparation.

Cette écriture de *La Folle Enfant*, entamée en 1981, publiée en 1983 aux Édition° 1, vit le jour grâce aux regards bienveillants et tendres de Bernard Fixot et d'Antoine Audouard.

Il faut croire que, atterrés par autant de souffrance (la mienne), ces deux-là ont eu envie de prêter main-forte à « mes débuts d'écrivaine » en prenant en pitié la comédienne qu'ils aimaient bien et dont le Tout-Paris connaissait la mésaventure amoureuse.

Et que je souffre... Et que j'écris, donc, en te dénommant « lui » ou « Paul ».

« ... Je vois Paul cet après-midi. Au téléphone, il m'a demandé si j'allais bien. Il a parlé de quelque chose au sujet de ma vie. Est-ce que j'avais réellement besoin d'appeler tous ses amis, est-ce que c'était vraiment nécessaire ? Non. Chacun de ses mots m'était spécialement destiné, mais c'était si difficile...

» Autrefois je trouvais sa voix chaude. Et là plus de voix, des mots tous seuls dit par un homme qui n'est pas à moi. Et quels mots, quel homme ? Était-ce *lui ?*

» J'ai dit qu'il fallait qu'on se voie, que j'avais des choses à lui dire.

» – Tu te maries ?

» Il pense que celui que j'épouserai devra lui demander ma main. Après avoir été mon amant, il ne désespère pas que je le garde comme père, moi qui le vois comme un enfant. »

*
**

J'écris dès que le jour se lève, je me lève avec le jour.

Lorsque je relis les premières feuilles, fidèle, la douleur m'éclabousse et me fait chavirer.

En piste ! Je peux continuer.

Tout raccorde. Le vent complice qui déchire les croisillons de mon balcon, et ces mots répétés que les touches nacrées comme celles d'un accordéon teignent de noir sur la feuille de carbone.

À cause de toi, Jean, je me suis si bien fait « le malheur vingt-quatre heures sur vingt-quatre » que tous les hommes me font peur. Pire, je les ai tous pris en horreur.

Nous sommes en 1976, je viens d'avoir vingt-huit ans et j'ai déjà commis deux graves erreurs. En 1975 je t'ai quitté et, en 1973, c'est toi qui m'as fait quitter la Comédie-Française.

Dans mon Austin jaune, tous feux éteints, je campe, devant le 100 du boulevard Maurice-Barrès, le cœur et l'âme projetés sur la porte-fenêtre de la chambre bleue. Notre ancienne chambre.

Comme dans la chanson de Brel, je me vois bien devenir l'ombre de ton ombre. Mais celle des barreaux de ton balcon me suffirait... puisqu'il s'agissait du nôtre, de balcon.

En expiant sa souffrance, c'est fou ce que l'on peut devenir animal(e). Moi, j'en suis presque devenue minérale.

C'est devant notre ancienne maison que je squatte et que je fais la grève de l'amour.

Un soir tu me trouveras endormie, la tête sur le

volant, des feuilles éparses sur les genoux, un stylo à l'oreille.

À défaut de lire mes lettres, tu finiras bien par lire mes livres, n'est-ce pas ?

T'écrire, c'est t'aimer.

*
**

« J'avais décidé d'être exactement à l'heure et, bien sûr je suis très en avance.

» Du tabouret du comptoir, je vois, dans la glace : mon visage, puis les tables, les couples de l'après-midi, la rue qui s'agite derrière la vitre, la rue et – tout au fond – le trottoir d'en face, presque flou.

» Parfois je me retourne comme si j'étais épiée et ce sont le même café, la même rue, les mêmes trottoirs, les mêmes couples.

» C'est “notre café”, toujours lui, avec sa lumière au néon, son odeur de pain grillé, ses bruits de vaisselle. J'en ai plein les yeux, le nez et les oreilles. Le temps se met entre parenthèses.

» Je me souviens des attentes ordinaires, confiantes...

» Son auto rouge se range le long du trottoir d'en face.

» Dépêche-toi.

» Il est allé s'installer en terrasse de notre Belle Ferronnière. C'est un homme de lumière. Paul est un homme de soleil, un homme qui n'a pas peur.

» Moi je m'étire, je bâille, je préfère mon tabouret refuge, ce nid rembourré de moleskine, ces éclairages et ces sons anonymes qui me laissent en paix avec moi.

» ... Le garçon annonce un double expresso bien serré et, sans me retourner, je sais que c'est celui de Paul.

» Son expresso, je le vois se fabriquer sous mes yeux, s'écouler goutte à goutte dans la tasse de porcelaine blanche et passer fumant sous mon nez. Quand le garçon avance la main pour déposer un sucre dans la soucoupe, je l'arrête et c'est moi – moi seule – qui sers Paul avant de quitter ce café qui ne sera plus jamais à nous. »

– 2 –

Mademoiselle Hélène !

Printemps. 1970. Une fin d'après-midi.

– Allô, Nicole Calfan ? Pierre Braunberger au téléphone !

Sur le bureau Louis XVI en acajou, un papier buvard imprimé des équations passées de mon grand frère Jacques, déserteur glorieux pour l'École des mines de Nancy. J'y inscris le nom de Braunberger.

Les platanes de l'avenue Bosquet me tendent les bras jusque sous les fenêtres, et les Klaxons des touristes du Champ-de-Mars couvrent la voix du producteur qui me propose un film avec Jean Yanne. *La Marche du fou*, d'après le roman d'Henriette Jelinek, avec pour metteur en scène Jean Aurel.

– Écoutez, chère Nicole, vous permettez que je vous appelle chère Nicole... ? Allô ? Allô ? C'est un très joli rôle que je vous propose et c'est une idée de Jean Yanne. Il vous a vue dans *Le Grand Amour* et dans *Borsalino !*

Je ne connais ni Braunberger, ni Mme Jelinek, encore moins Aurel.

Sur le buvard aux équations, je dessine des cœurs autour du nom de Braunberger et des fleurs autour de celui de Jelinek.

De Yanne, je ne connais que la prestation remarquée dans un film de Claude Chabrol que je n'ai pas encore vu.

– Lisez vite ! me presse Pierre Braunberger. Aurel a tourné *Manon 70* avec Deneuve et Samy Frey... Quant à Jean Yanne, rencontrez-le. Voici ses coordonnées, il attend votre coup de fil : il vous trouve épatante !

Ce soir, c'est relâche... C'est ça qui est épatant !

Au-dessus du nom de Yanne, j'entrelace un grand point d'interrogation.

Ce même jour, à 23 heures.

Dans ma chambre de jeune fille aux rideaux de cretonne tirés, je grignote du pain azyme en ouvrant le scénario qu'on a déposé chez mes parents.

En chemise de nuit, les pieds en l'air, sur ma couette de chintz rose pâle, en y mettant le ton, à voix haute et la bouche pleine, je me dis quelques dialogues.

Un pigeon a du mal à trouver le sommeil sur mon balcon. Il n'est pas le seul.

Jean Yanne et moi ! Quelle drôle d'idée ?

Un monde nous sépare. « Le petit rapporteur » aurait-il envie que je lui dise que « le petit chat est mort » ?

Je reprends le scénario. Saurais-je jouer quelque chose d'aussi moderne, d'aussi peu écrit ?

La maison est endormie, j'entends les ronflements de mon père dans la chambre de mes parents.

Le scénario rouge cartonné me tombe un peu des mains lorsque j'entends maman chuchoter à papa :

– Henri ? Tu ronfles, Henri !

Comme je suis une coquine, je me lève sur la pointe des pieds pour entrebâiller la fenêtre de ma chambre. Oh ! juste ce qu'il faut pour que le jeune homme d'en face, qui est un grand travailleur, puisse m'apercevoir – par le truchement de nos miroirs croisés – en train de déchiffrer mes *Cahiers tango* [1].

Un jeune homme muet au front appliqué veille tard sous la lampe tandis que, bercée par les roucoulements d'un pigeon en mal d'amour, la fille d'en face l'entraîne sur le chemin de son sommeil

1. Il s'agit d'un cahier de couleur rouge, rouge tango. *Les Cahiers tango* sont l'une des très jolies pièces de Françoise Dorin que j'ai eu le bonheur de jouer en 1987 au théâtre Antoine, mise en scène par Andréas Voutsinas, avec Guy Tréjan.

jonché de rêves de gloire et de miettes de pain azyme.

La fille d'en face se retourne à plat ventre, les deux mains sous son oreiller de plumes. *Les Cahiers tango* gisent ouvert sur son lit Empire.

Il faut absolument qu'il sache, le voisin studieux, qu'elle a grandi, qu'elle a délaissé ses poupées pour des Petits Classiques Larousse, qu'elle fait à présent du théâtre et du cinéma... Qu'elle a tourné son premier film l'année dernière... Depuis le temps qu'on est voisins, cher voisin !

Au pastel, en caractères gras, sur une feuille de papier Canson à fond bleu, elle exhibe à la fenêtre :

« Avez-vous aimé *Le Grand Amour*, le film de Pierre Étaix ? C'était moi ! »

Dans le reflet de la glace, elle vous épie, l'étudiant. Elle vous épie et, n'y tenant plus, elle va se poster devant vous, entièrement dissimulée par ses doubles rideaux de cretonne où s'enchevêtrent délicatement des églantines.

Elle lit sur vos lèvres :

– Non, pas possible ! *Le Grand Amour* ?

– Parfaitement ! répond-elle, le crayon pastel en l'air, en retournant sa feuille de papier Canson.

Sur votre bouche s'arrondissent des « oh » des « ah » admiratifs qu'elle recueille – sur les rosaces de son balcon en fer forgé – comme des bulles de savon.

À nouveau elle griffonne, expose sa copie à la fenêtre d'une main tendue :

« Et dans *Borsalino !* Avec Delon et Belmondo aussi ! »

– Non ? [*Sa bouche se déforme.*]

– Si ! réplique-t-elle en abaissant son menton.

Voyeuse sans être vue, elle écarte légèrement le rideau avec deux doigts.

Elle se prend pour le Guignol du Champ-de-Mars de son enfance. « Guignolo ! Guignolo ! »

Sur la scène de son propre théâtre, où son voisin est devenu son meilleur spectateur, à chaque ouverture et à chaque fermeture de ses doubles rideaux de cretonne la provocatrice espiègle entre en transe.

À voix basse, les noms des deux stars du cinéma français résonnent dans la cour aux briquettes grises d'un immeuble du Champ-de-Mars. Delon, Belmondo ! Belmondo, Delon ! L'écho s'en empare, puis il demeure sans voix, le voisin, lorsque la jeune pensionnaire lui parle de la Comédie-Française où elle a été engagée deux ans plus tôt.

Des « oh », des « ah » ou des réflexions muettes se perdent à jamais dans une rafale de vent léger sur le rebord des fenêtres à chien-assis.

Le voici qui se lève enfin, l'unique spectateur du Guignol, avec un carton sur lequel il a écrit à son tour, en très gros :

« Vous êtes actrice ? Alors ça, nom de Dieu ! »

« Il est long à la détente. Il doit faire trop de maths ! » se dit la comédienne.

Et vlan ! Voici qu'elle referme la croisée, qu'elle en tire les voilages et les rideaux aux églantines sur sa cour intérieure où n'ont jamais résonné ces bavardages que dans l'imagination exacerbée de son sommeil d'artiste...

*
**

Je me suis réveillée avec *Les Cahiers tango* sur les genoux et une affreuse migraine. Devant une tasse de thé citron, je reprends la lecture du script.

Les voilages de ma chambre flirtent avec ceux du voisin d'en face comme des courants d'air devenus familiers. Sur fond de cour grise et noire, eux seuls frémissent encore des bribes de mes rêves.

À la séance de 14 heures, je traîne ma mère au cinéma L'Hermitage, sur les Champs-Élysées, pour voir *Le Boucher* de Claude Chabrol.

Maman, dans son tailleur Ted Lapidus aux rayures tennis bleu marine et blanches, avec ses escarpins de chez Céline assortis, bat le pavé avec sa fifille en attendant l'ouverture des portes du cinéma.

... Tandis que je frémis dans le noir aux accents brûlants de Yanne qui appelle désespérément l'institutrice Stéphane Audran, en la poursuivant dans sa classe d'école :

– Mademoiselle Hélène ! Mademoiselle Hélène !

... Tandis que cette même institutrice transpire sous son épaisse frange platine et dans sa blouse en vichy, je m'agite sur mon fauteuil club en me penchant vers ma mère.

– Maman ! Tu me vois à l'écran, dans les bras de cet acteur ? Dis, maman ! *Ma-man* ?Tu me vois dans les bras de ce Jean Yanne ?

– Il a du charme, ma chérie. Ton père aussi est poilu, on s'y fait !

Absolument pas convaincue par la réponse de sa mère, dans un grand soupir, la jeune pensionnaire de la Comédie-Française croque le bâton de son esquimau qui se fendille sous ses dents du bonheur.

*
**

Je ne te regarde plus, je regarde en moi-même.

Toi tu es trop immobile, tandis que je suis vivante.

Je n'en veux plus, de tes traits tirés par le maquillage de l'embaumeur de service à la morgue.

– C'est pas un métier d'homme : c'est un métier de gonzesse, faire l'acteur ! disais-tu. On te fout du fond de teint plein la gueule et du Rimmel sur les cils ! Je te demande un peu !

... Et voilà que c'est toi, M. Gouyé dit Jean Yanne, l'artiste, que l'on vient de badigeonner de fond de teint ocre, de poudre translucide pour que tu sois présentable devant ceux qui te pleurent.

Je ne veux plus tournoyer autour de ton corps rigide. Je préfère tournoyer autour de mon bureau d'acajou, ma tasse de thé à la main, et mordiller ma rondelle de citron à pleines dents avant de composer ton numéro de téléphone, dans l'appartement douillet et bourgeois de mes parents.

*
**

– Allô ! Monsieur Yanne ? Je vous appelle de la part de Pierre Braunberger, je suis Nicole Calfan. J'ai vu *Le Boucher*, hier après-midi...

– C'est très bien, ça, mais c'était pas la peine !

Il a l'air de s'en foutre royalement.

Un ange passe qui me rosit légèrement les joues en chemin.

– On peut peut-être se rencontrer ? Demain ? reprend-il en chassant l'ange, sans doute, du revers de la main.

– C'est que je joue... je joue... matinée-soirée !

– Mais c'est très bien... ! Voyons-nous entre la matinée et la soirée... Demain ? Devant l'entrée des artistes ? J'aurai une auto rouge ! Au revoir, mademoiselle !

Un instant, comme au cinéma, je crois entendre le « mademoiselle Hélène » du *Boucher !* Sa voix m'emplit les méninges et je me dis, en raccrochant, que ce n'est pas une voix d'acteur mais bien la sienne !

C'est ainsi que, dès le lendemain, nous nous sommes rencontrés, devant l'entrée des artistes de ma chère Comédie-Française, au Palais-Royal, entre la matinée de *Tartuffe* et la soirée de *L'Avare*, moi avec de la colle dans les cheveux à cause de la perruque, le visage trop poudré, lui le sourire modeste à l'intérieur de son auto rouge qui, en réalité, était une Porsche !

« Bon point ! me dis-je ; il est modeste, ce Yanne ! »

Il fait chaud, encore très jour, et la place Colette accueille déjà les spectateurs qui font la queue sans billets pour le spectacle de la soirée.

Je reconnais mon acteur au premier coup d'œil. J'ouvre la portière de l'auto rouge sans lui donner le temps d'en descendre et je dis, allez savoir pourquoi :

– C'est moi !

Au bar d'un hôtel de l'avenue de l'Opéra, il jongle avec ses pistaches et ses cacahuètes, le Jean Yanne. Il les jette en l'air et les happe une à une, tel un jongleur.

De sa chemise jaune paille, largement ouverte, dépasse une touffe de poils bruns qui me fait penser à mon père. Il ne porte ni bracelet, ni bague, ni chaîne autour de son cou, juste une simple montre masculine au bracelet de cuir à son poignet droit. Il sent bon le propre et une eau de toilette raffinée, il porte des *boots* de cuir marron foncé à fermetures Éclair. Il a le regard épagneul, la voix velours, de belles mains fortes et protectrices qui ponctuent et prolongent ses idées.

Je sais qu'il m'observe, l'air de rien. « Voyons à qui j'ai affaire, se dit-il. »

Par-dessus la portière de son auto rouge, pourquoi ai-je prononcé ces deux syllabes, prometteuses et diaboliques : « C'est moi ! »

Et voici que je me la joue faussement décontractée devant un *earl grey* citron, et voilà que je l'observe tandis que lui reste à l'affût.

Au travers de mes cils lourds de mascara longs cils Bronza, tout comme j'observerais un extraterrestre débarqué place de la Concorde au milieu des passages cloutés, j'observe Yanne qui m'observe à son tour.

Lorsque je l'entends dire, entre deux gorgées de whisky :

– On est tous des Juifs allemands... La culture, ça donne soif... La vie est une tartine de merde dont on mange un morceau tous les jours...

Je fausse aussitôt compagnie à tous les « ah ! mon père, au nom du Ciel »... et les... « je vous en conjure, mon petit papa chéri » de Monsieur de Molière pour me laisser captiver sans regret par cet inconnu si familier au langage de barbare.

Rester assise auprès de lui à jouer les piliers de bar est comme un acte de bravoure ou de résistance.

Une scène à huis clos.

Tout est délicieux parce que défendu, surtout pour moi, à cette heure, entre une matinée et une soirée au Théâtre-Français...

D'habitude je ne quitte pas ma loge à la moquette jaune moutarde, aux voilages à pois orange et vert pâle pour demeurer vautrée sur mon lit d'enfant recouvert de piqué blanc, aux multiples coussins et aux peluches duveteuses.

C'est ici que je goûte, c'est ici que je bois mon thé citron, c'est ici que je revois mon texte entre la matinée et la soirée en essayant de maîtriser mon trac.

Aventureuse, cette fois j'ai passé une frontière, celle de l'avenue de l'Opéra, et j'ai pénétré dans le bar sombre d'un hôtel !

Les rideaux de velours beige sont tirés sur leurs tringles de cuivre, les ronds humides du verre de whisky de Jean Yanne tracent des ellipses sur la table de verre, et le porto rouge qu'il me fait boire après mon thé a, au bord des lèvres, des relents délicieux de tartine de merde et de juif allemand...

La fierté me pique avec les dédicaces qu'il accorde négligemment à des curieux, au bar, tout en griffonnant une esquisse parfaite de mon nez sémite sur une serviette en papier.

Avec son petit sourire de côté aux dents bien alignés, ses rides de mélancolie rieuse autour de ses yeux couleur feuille morte, Yanne me bouscule, me fascine et m'interpelle si profondément qu'une petite voix en moi murmure très vite, comme une évidence : « Cet homme-là, ma Nicole... il est pour toi ! »

*
**

J'ai beau tirer sur ma jupe fleurie à fond noir de Laura Ashley, détendre l'encolure de mon caraco à smocks, croiser et décroiser mes bottines haut lacées comme une patineuse, l'hôtel Bellman vient de se renfermer sur moi. Je suis sous cloche, j'ai chaud, voilà que je transpire au-dessus de la lèvre supérieure.

Sur mon front se dilue la colle du coiffeur et mon make-up de chez Deruelle se fait la malle.

Pendant bien longtemps j'ai ignoré deux choses fondamentales.

La première, c'est que Jean sortait en trombe du parking de la Comédie-Française où il venait d'assister en matinée à la représentation de *Tartuffe*, dans laquelle je jouais Marianne... Il a dû bien rigoler !

La deuxième c'est qu'il appelait le producteur Pierre Braunberger dès le lendemain de notre rencontre, en m'évoquant dans ces termes :

– Elle est mignonne, cette Calfan, très mignonne, mais quel malheur de porter des chaussures orthopédiques ! C'est de naissance ou c'est un accident ? Vous me voyez à l'écran avec elle ?

*
**

Je te regarde. J'ai froid pour toi. Si froid. Tu t'en souviens, dis ? Tu t'en souviens, de notre film que tu appelais notre « album de famille » ?

On le fait, ce film, *La Marche du fou*, et c'est vraiment la marche de Yanne, ta marche à toi, une marche pressée, inventive, loufoque.

Il fait une chaleur accablante à Paris. On tourne dans le quartier du Marais, ma minijupe en cuir me colle aux cuisses et mes bottes me font des ampoules aux pieds.

On ne sait jamais ce que l'on va se dire, si l'on doit rire ou être ému. Pour la première fois, en croquant des radis, je me laisse séduire en direct et en une prise à la table d'un restaurant, les coudes posés sur la nappe à carreaux rouge et blanc, le regard bleu ciel et les sourcils levés en attente de ton bon vouloir improvisé.

Pour la première fois je me soumets à toi devant une caméra des studios de Boulogne-Billancourt.

Pour une fois, je suis vaincue.

Ce jour-là, pour assouvir la mode, je porte une robe claire boutonnée en jersey façon polo au ras des fesses, toi un élégant costume bleu marine avec une cravate grenat sur une chemise bleu pâle au grand col blanc pointu.

À l'école de Lelouch, Jean, tu fais merveille, tandis que je tente de te suivre à tâtons. Tu me surprends, j'essaie timidement de te rejoindre, de mettre mes pas dans les tiens. Parfois je bafouille ou je me tais longuement parce que tu mènes la danse... « Laisse aller, ma Nicole, me dis-je... C'est une valse ! »

*
**

Sur le tournage du *Marin grec*, je fais la connaissance de Guylaine de Boysson qui s'occupe des costumes. Elle fait partie de l'équipe de « Dim Dam Dom », elle est libre, libérée, elle aime autant les écrivains que boire des coups chez Castel.

Elle est ravissante dans sa maturité, blonde, les cheveux courts ondulés, hors mode.

J'apprends qu'elle a été mannequin, on se plaît très vite et en pénétrant dans ton duplex de la place du Marché-Sainte-Catherine, dans le quartier du Marais, où tu nous as accordé une pause, Guylaine me demande, en me changeant de costume :

– C'est quoi, ton type d'homme à toi, Nicole ?

– Je crois que c'est Jean Yanne, Guylaine.

– Alors ? Qu'est-ce que tu attends ?

– Mais... Il est marié !

– Séparé ! C'est pas tout à fait la même chose, quand même ! Tu as toutes tes chances, tu sais ! Vois donc comme il te regarde !

J'ai retiré mes bottes de toile pour m'allonger pieds nus sur le canapé blanc. Séparé, je me dis, *sé-pa-ré* !

Je relève mes cheveux blond vénitien.

Les poutres de ton appartement, tout ce blanc, ton bon goût me remuent l'imaginaire.

Il me semble soudain que tout y est en harmonie, que tout y est possible, moi comprise, avec mes vingt-deux ans et demi.

Séparé ! Le mot en trois syllabes me galvanise.

La pause est finie, le plan est éclairé, il faut repartir sans me donner le temps d'investir les lieux de mes rêves de midinette.

Le talkie-walkie grésille :

« Mademoiselle Calfan est demandée sur le set. »

Déjà je vole au bras de Guylaine, déjà « l'homme séparé » est sur le trottoir, *cheek to cheek* avec une Ariflex, l'œil rivé à l'œilleton de la caméra qui est devenue la sienne.

Notre metteur en scène, Jean Aurel, a très vite compris que ce film serait en réalité le premier film réalisé par Yanne !

Celui-ci en a fait la distribution, les dialogues, la musique, et tâte chaque jour de la mise en scène.

La Marche du fou est devenue, sous sa plume : *Êtes-vous fiancée à un marin grec ou à un pilote de ligne ?*

C'est tout dire... Du roman il ne reste pas grand-chose, à part une histoire banale de couples et d'enfants avec Françoise Fabian et Francis Blanche.

***

Je grelotte.

J'enfile mon cardigan bleu marine.

Tu dors, toi. Tu es tranquille, hein ? Jean ! C'est toi ou moi qui ai froid ? Tu dors ? Dis ?

Tu m'entends, c'est moi, Nicole !

J'ai prononcé mon prénom à voix rauque de fumeuse mais bas, comme pour m'excuser d'être là !

Et si ma présence te dérangeait ? Et si ce n'était pas ma place ?

N'avais-je pas décidé, il y a seulement quelques mois, que ton silence envers moi n'était que je-m'en-foutisme, désintérêt général pour ma petite personne, laquelle s'obstinait à croire qu'elle avait encore de l'importance à tes yeux ?

Me réveillant un matin un peu plus triste et désemparée que d'habitude, puis découvrant les trottoirs lisses de pluie, le ciel bas et gris au-dessus de mon balcon où gelaient, avachis, mes géraniums grimpants, je décidai – en regardant s'écouler goutte à goutte le café expresso dans ma tasse, debout dans la cuisine – que Jean n'en avait strictement rien à cirer de moi.

Qu'il fallait enfin que je mette un terme à ces agissements de gamine. Point barre.

Qu'il n'y avait pour personne, et encore moins pour moi, de *Tout le monde il est beau, tout le monde il est gentil*. Bref qu'il fallait que, à notre égard, je change de perspective...

Tu avais depuis longtemps refait ta vie, j'avais refait la mienne. Tu avais un petit garçon, de mon côté j'en avais deux.

Puisque M. Yanne boudait Mlle Calfan, cette dernière n'allait plus se mettre à genoux pour quémander ce fameux « p'tit café »... plus de vingt-cinq ans après leur séparation !

Chez toi, les familles « tuyaux de poêle » n'existent pas.

Je te quitte, tu me quittes, on se quitte et ceci pour la vie.

Ou bien alors on ne se quitte pas !

Le café me réveille et me brûle les doigts.

C'est celui que vient de m'apporter, dans un gobelet de carton, l'officiant de la morgue.

Celui-ci a la connaissance de ses visiteurs ; une sorte de sursaut intime programmé sur sa montre à quartz qui lui indique, en plus de la météo et de la conversion du franc en euro, au bout de combien de temps ceux qui visitent ses morts, en se gelant les fesses dans l'antre réfrigéré, ont besoin de son p'tit café...

Je remercie l'homme en noir et vide le gobelet au jus amer tandis que je te regarde, étendu de tout ton long et de tout ton large.

Place du Marché-Sainte-Catherine, au pied de ta maison, ce sont les clochards qui dormaient ainsi. Ceux qui se réveillaient te tendaient la main en t'appelant « petit père ».

Le courrier débordait des boîtes aux lettres comme le lait sur le feu. L'immeuble semblait inhabité, ou plutôt ne s'animait que lorsque tu y pénétrais, en donnant des sous aux clodos qui t'attendaient, allongés dans l'entrée de l'immeuble en pierre polie.

C'est toi qui reposes aujourd'hui, et que tous les clochards s'en souviennent !

C'est toi qui gis là, devant moi, froid comme la pierre de l'entrée de ton immeuble restauré par l'école des Beaux-Arts.

Ton petit sourire en coin me fait penser à un certain sourire lorsque, place du Marché-Sainte-Catherine, tu retirais les sabots de Denver des voitures avec ta propre clef, que les cars de flics te surveillaient, se marraient ou t'embarquaient au poste, c'était selon.

Place du Marché-Sainte-Catherine, auprès du quartier Saint-Paul, flottent un parfum de grillades, de pistaches et des airs d'harmonium au coin de la rue, à moins que ce ne soit toujours toi, Jean, qui y joues en peignoir d'éponge bleu marine, pieds nus sur la moquette.

Je garde une gorgée de café dans ma bouche. Tu vois qu'on l'aura bu, ce p'tit café !

Morbide, je deviens morbide.

En déglutissant, je me nourris de toi. Je bois gorgée après gorgée ce mélange de café et de toi.

Ton oxygène parfumé au formol.

Tu me donnes froid, figé comme tu l'es dans ton au-delà. Veux-tu mon cardigan bleu ?

Des images défilent dans ma tête comme une bobine de film en 16 mm. L'écran est devenu le mur de droite de ta chambre mortuaire.

Projetés sur la toile blanche, s'animent des plans de notre vie, des sourires en envolées, des embrassades familières.

Je nous regarde en noir et blanc et l'image saute, se strie, se fendille au rythme de mon cœur qui cogne. L'ordre ordonné et le désordre défait, je respire, j'aspire en bloquant mon plexus à en perdre l'équilibre.

Je t'embrasserais volontiers mais je redoute le froid pénétrant de tes lèvres si chaudes autrefois.

Tout ce velouté velours.

Souviens-toi !...

Lorsque je t'ai demandé :

– On doit s'embrasser, tout à l'heure, dans la scène ; comment on va faire ?

Nanana... cela me gêne ! Patati et patala ! Patins couffins, et que je me dandine, et que je frotte mes semelles sur le trottoir, et que j'en fais toute une histoire, de ce foutu baiser...

Parce que tu m'intimides, parce que nous sommes déjà trop proches ou pas assez intimes...

Parce que nous sommes en pleine rue de Monceau, que j'ai une copine qui habite dans le XVIIe

tout près, qu'elle va peut-être venir me voir, parce qu'il fait chaud, parce que ma robe est trop courte, que la rue se creuse sous la canicule...

– C'est rien, on fait comme ça ! dis-tu.

Tu te penches.

Comme ça ! Chaste et doux, le baiser.

Un baiser velours.

Notre premier baiser que je prends comme un bonjour frais du matin en plein milieu de cet après-midi torride. Entre la rue de Monceau et la rue Murillo, ils ont démoli l'hôtel particulier de notre première rencontre pour construire un immeuble de verre et d'acier. Pour que rien ne subsiste du passage de l'aile d'un ange sur nos bouches jointes, ils ont rasé l'hôtel si particulier de notre première étreinte.

Et c'est comme ça que, pour moi, notre histoire commence sur un trottoir du XVIIe arrondissement, avec un baiser de cinéma.

Tout est tellement accompli. Exact.

– 3 –

L'univers de Yanne

« – Quel est votre type de femme, Jean Yanne ?
» – Les voraces à l'estomac plat !... »

« ... Que leurs voix, leurs attitudes, aillent bien avec les lueurs des bougies. J'aime bien les filles à bougies. »

« Le plus beau compliment que je puisse faire à une femme est de lui dire : je suis aussi bien avec toi que si j'étais tout seul. »

Pensées, répliques et anecdotes,
Jean YANNE, Le Cherche-Midi éditeur.

Une rose repose sur une table basse de plastique blanc où oscille une bougie pour la fille à bougies que je suis devenue pour toi...

Cette couleur d'un rose pâle m'est familière. On

dirait qu'une fois de plus tu l'as cueillie pour moi seule.

Ma raison divague au gré de ma mémoire sélective. Tu dois te sentir bien solitaire, sans tes parents. Lorsque l'on meurt, on a envie que ses parents soient là, non ? Pas toi ?

Moi, je crois que j'aimerais...

J'ai peur que tu ouvres les yeux et que tu me regardes.

Je suis parfois emplie de paix et parfois de panique. Et si tu n'étais pas mort ? Et si c'était encore l'un de tes fameux tours de passe-passe ?

Quelqu'un comme toi ne devrait jamais mourir.

On l'aimait bien, cette phrase de Dugowson.

*
**

Tu es né à Paris, en 1933, le 18 juillet.

Tu es du signe du Cancer, comme l'une de mes meilleures amie qui est née le 20 juillet.

Tous les 18 juillet je pense à toi, tous les 20 juillet c'est à Nathalie que je souhaite son anniversaire.

J'ai beaucoup de chance d'avoir toujours auprès de moi des amies, trois ou quatre au moins qui sont restées les mêmes.

Je suis très exigeante envers mes meilleures amies. Elles doivent être assurément les meilleures de toutes mes amies. Et pour toute la vie.

De temps en temps l'une d'elles entre en légère

disgrâce, mais jamais pour bien longtemps ; de temps à autre une meilleure amie se voit supplantée par une nouvelle meilleure amie, mais je m'y connais pour équilibrer les choses et je suis la reine de la diplomatie en amitié, parfois du cloisonnement, car je suis née sous le signe des Poissons.

Toutes mes meilleures amies connaissent mes histoires de cœur et mes tourments. J'aime à leur distiller à tour de rôle et à tour de bras mes infortunes.

Toutes connaissent mon histoire avec Jean, même si toutes ne l'ont pas connu.

*
**

Un dimanche de novembre 1970, à midi et demi. Les Lilas, rue Henri-Barbusse.

La maman de Jean m'ouvre la porte et Jean lui dit :

– Bonjour, Mimi !

À son père il donne une accolade.

– Ça va, Dédé ?

Puis tout le monde s'embrasse.

Brune et ronde dans son tailleur simple de couleur claire, elle se montre aussitôt très gentille.

– Il paraît que vous parlez plusieurs langues ?

– Heu... Je me débrouille en anglais et en russe ! réponds-je en ôtant mon manteau.

– Vous chantez, aussi ? C'est qu'il a la voix belle et juste, mon Jeannot, assure ta mère en me versant du porto rouge. Vous l'auriez entendu, lorsqu'il chantait pour l'église !

– Arrête, Mimi, tu vas la faire pleurer de rire ! Comment tu veux que Nicole m'imagine en enfant de chœur ? Arrête tes conneries, Mimi ! Allez, santé !

– Santé ! dit Dédé en me faisant un clin d'œil.

La maison est rustique et sent bon la cire.

Il y a des napperons blancs amidonnés sur les meubles de marqueterie, une jolie nappe brodée, des glaïeuls dans des vases.

Pendant que Jean se tait en faisant honneur à la blanquette de Mimi, celle-ci me raconte qu'elle a été couturière et son mari menuisier. Ceci explique cela, je me dis, le goût des jolis meubles et des napperons.

Je regarde les mains de Dédé ; ce sont les mêmes que Jean en plus usées.

– Jeannot, il a toujours eu horreur de l'école ! s'esclaffe Dédé en se servant du riz blanc.

Jean relève le menton vers moi, comme pour me signifier : « Ça y est désolé, ma Nicole, on y est... Ça commence ! »

Aussitôt, tu tentes de changer le cours de la conversation en parlant de moi.

– Tu vois, Dédé, Nicole elle boulotte tout ce qu'elle veut. C'est un goinfre, Nicole, et pourtant elle a toujours l'estomac plat ! lance-t-il en me couvant des yeux tandis qu'il me ressert de la blanquette.

– C'est pas comme nous ! s'exclame Dédé qui rentre son ventre sous sa chemise blanche.

– Et après ? Après le lycée ? demandé-je en reprenant de la sauce.

– Après le lycée Chaptal ? Il a fait tout et n'importe quoi, raconte Mimi, assise bien droite dans sa rondeur un peu corpulente, tout en me passant la corbeille de pain. Moi, j'aurais tant voulu qu'il commence par faire son petit séminaire !

Pendant que tu découpes en professionnel une tarte aux pommes craquante et chaude, je retire l'une de mes chaussures sous la table et pose un pied à plat sur le tien.

Au salon, la cafetière de porcelaine blanche au liseré doré déverse son café bien fort et Mimi s'écrie :

– Hein, mon Jeannot, n'est-ce pas que je te l'ai fait aimer, le Bon Dieu, en définitive !

– C'est ça ! fait Dédé un peu pensif en croquant dans une langue-de-chat. Tu vas me dire dans deux minutes qu'il y a cru comme moi j'ai cru au Front populaire ! On s'est bien fait rouler, tous les deux !

Tu me prends la main et tu te marres...

– Après l'église des Lilas, il a surtout chanté dans les cabarets avec son harmonium, Jeannot, renchérit Dédé. Il écrit, il cause dans le poste, il dessine, il ouvre surtout sa grande gueule partout où il passe... Et en plus, c'est qu'il ramène des « tchèques » à la maison !

– Des chèques, Dédé, pas des « tchèques » ! rectifies-tu avec ton bon sourire. Ah il est loin, le temps de la Galerie 55, où je venais dire les sketches que j'écrivais en me préparant sur le trottoir ! Enfin, quand je jouais, parce que quand il n'y avait personne...

Je ris aux éclats, la tête renversée. Ton pied dans ta chaussette Burlington vient chatouiller le mien.

– C'était quand ?

– Dans les années cinquante.

– Moi, j'avais trois ans, Jean ! Tu te rends compte ?

– Attends, tu ne sais pas tout... J'en ai fait, des concours de bides à la radio, sur RTL ! Et aussi des concours de bides en première partie à l'Olympia avec Joséphine Baker. Maintenant ça commence à bien faire, je veux devenir « metteur en scène et producteur » !

À cette minute précise je réalise que Jean veut, tout comme Dédé, son papa l'ébéniste, décider de quoi sera faite la commode !

Je ne me trompe pas, car il enchaîne :

– Je ne veux plus être un tiroir du dessus, du dessous ou du milieu, je veux qu'elles passent par mes mains, toutes les finitions du meuble !

En t'écoutant parler, je me sens comme toutes les femmes qui aiment à se sentir dominées.

En tournant ma cuiller dans la tasse de porcelaine, j'ai des élans de bonheur. Mon homme est un homme de pouvoir, c'est délicieux !

Tu me prends par le cou par-dessus le fauteuil à

l'appui-tête de dentelle, puis tu vas à la fenêtre comme pour laisser le passage à un rayon de soleil. En écartant le voilage qui représente une portée de chatons en relief dans un panier d'osier, la clarté fige la salle à manger tel un Polaroïd.

Avec mes fiches de paye de la Comédie-Française, j'ai décidé de louer un grand studio ou un deux-pièces.

Pour toi je décide de quitter mes parents.

Maman m'a trouvé un petit appartement boulevard Flandrin dans les annonces du *Figaro*.

– Par la rue de Longchamp, en allant tout droit de chez nous, c'est direct ! a dit maman.

Le jour de mon départ, elle a les larmes aux yeux et Aurélia – notre employée espagnole depuis quinze ans – se mouche à grand bruit dans son tablier à rayures bleues et blanches, très comme il faut.

– Mademoiselle Nicole, votre lit, il sera toujours prêt !

Boulevard Flandrin, je succède à un locataire qui avait fait sa garçonnière du petit appartement en question.

Sur les conseils de Jean, qui adore le moderne, je lui rachète une haute bibliothèque montée sur vérins d'acier avec des étagères en glaces.

Vue sur cour de la rue de Montevideo, la porte-fenêtre s'aveugle de rideaux Knoll à lamelles.

D'épais coussins mauve et blanc s'alignent sur une marche moquettée de violine qui forme comme une banquette.

La salle de bains est triste et sans fenêtre mais le peintre de papa et maman – un Yougoslave, M. Djakof, qui a fait les peintures de la cuisine de l'avenue Bosquet – va m'apporter des échantillons de papier peint.

*
**

Pendant que nous continuons à tourner le *Marin grec* à Paris, en extérieurs et en studio, je fais peu à peu connaissance de ton monde, Jean.

Je réalise que ta provocation repose avant tout sur ta culture.

Tu n'es jamais odieux, jamais vulgaire, encore moins grossier.

Que ce soit en compagnie de Gérard Sire, Robert Beauvais, Jacques Martin, Remo Forlani, Claude Lelouch ou Philippe Bouvard, tu peux tout te permettre, tout dire et tout écrire, vous êtes tous des satiristes... cultivés.

Comme Daniel Prévost vous savez de quoi vous parlez et les livres les plus fous ou les plus classiques meublent vos bibliothèques !

Bricoleurs de votre art, détourneurs de la censure, vous n'êtes jamais ordinaires.

Les précurseurs des « Nuls » et des « Guignols » sont nés avec vous, sous la plume de Yanne.

*
**

Chez Prunier, avenue Victor-Hugo, comme dans beaucoup de restaurants de poisson, il fait trop frais pour moi et le carrelage me glace les pieds. Mais la voix de Gérard Sire m'envoûte tandis que tu déposes un filet de citron sur mes huîtres n° 3.

Gérard Sire parle de littérature, d'histoire de France et de Claude Lelouch, dont le récit des tournages me fait rêver.

Après le déjeuner tu nous entraînes chez Tito Topin, dans « l'impasse », Villa Léone, où, calée dans des cousins de patchwork, devant une table basse, je fais la connaissance de Nicole Topin et de ses fillettes.

Il n'y a que des artistes, dans cette cité du XIVe arrondissement, et nous levons nos verres les uns chez les autres, le long de l'allée pavée qui sert de cour intérieure ou de patio aux habitants de l'impasse.

Tito, peintre, affichiste, auteur de BD, et Nicole, petite souris attentive et tendre, m'adoptent aussitôt ; avec eux et leurs petites filles je me sens en famille.

Toi et moi, nous portons des jeans à pattes d'éléphant et des tee-shirts blancs à l'encolure en « V ». Et nous sommes chaussés de *boots* style santiags à fermetures Éclair. Ma ceinture me pèse sur les hanches de ses deux mains d'argent qui s'étreignent en fermoir sur mon ventre, un cadeau de Ginette Garcin.

J'ai aussi avec moi le sac qu'elle vient de m'offrir, un exemplaire en dur du journal *Elle* en trompe-l'œil rose et blanc.

C'est notre époque Western House, le magasin de l'avenue de la Grande-Armée.

On a des bandanas à fleurs autour du cou. J'en porte aussi sur mon front, et ils me font ressembler à une squaw.

Je suis caméléon. Je me laisse faire. Je suis à toi et à la mode.

Je porte également de longues robes indiennes dans les tons de vieux rose avec, en camaïeu, des capelines de paille assorties. Tu adores.

Au bras de Gainsbourg, Jane Birkin a l'idée géniale de son panier fourre-tout que j'imite aussitôt.

L'hiver, on s'enveloppe jusqu'aux pieds dans des fourrures à la slovaque – de la biquette qui sent un peu fort du côté de la doublure – mais dont les découpes aux coutures retournées font toute la différence.

Les hommes portent eux aussi des peaux lainées, des pelisses en mouton retourné ; ils se prennent tous pour Trintignant dans *Un homme et une femme.* Chabada-bada...

Toute cette histoire est devenue une préhistoire.

*
**

Je ne te regarde plus, je regarde en moi-même. Toi tu es trop immobile, tandis que je suis vivante.

Je n'en veux plus, de tes traits tirés par le maquillage de l'embaumeur de service.

Soulève-toi. À l'aide ! Aidez-moi ! Tu es trop lourd.

La porte de ta chambre mortuaire s'ouvre et je prends une gifle de plein fouet qui me réveille.

Gilles Durieux et Ginette. On fait la ronde autour de toi. N'aie pas peur, on est là. Tito sur le seuil veut m'entraîner.

– Tu as assez pleuré, allez viens ! me dit-il en me prenant le bras.

« Beauvais et Garcin son amour », comme entre eux ils se nommaient. Tito Topin, Garcin, Durieux, les sincères de la première heure...

On est là démunis, catastrophés. Tu reposes les mains croisées.

On est là. Et après la gifle qui m'a secouée, voici que je repars en douce et en douceur à ton bras... dans le regard pâle de Gilles Durieux où je tente de me noyer.

*
**

C'est Gilles qui nous a invités chez Romain Gary avec sa ravissante épouse et comédienne Anne

Lönnberg. Anne, aussi allergique que moi au poil de chat, craque dès le hors-d'œuvre. L'écrivain a beau ranger ses bestioles en desservant les blinis, Anne et moi, les yeux rougis – entre deux fous rires et trois éternuements –, écoutons médusées ces géants qui s'affrontent à table à coups de vodka et de littérature au 108 de la rue du Bac : Gary et Yanne.

Anne cache ses yeux humides derrière sa longue chevelure blond cendré tandis que je demande timidement à Romain Gary, en frottant mes paupières boursouflées, s'il n'aurait pas un peu de polaramine pour Anne et moi dans son armoire à pharmacie.

Que nenni.

Après le dîner on va chez Gilles qui m'apprend, en me les montrant du doigt, les passages des trains que surplombent ses baies vitrées de la tour Montparnasse.

Gilles te lit des poésies ferroviaires et désespérées qu'il a écrites pour son ex-amour Francine Racette.

En avalant de la polaramine – sur laquelle nous nous sommes jetées comme des droguées sur leur came, un Kleenex à la main, épaule contre épaule –, Anne me désigne les rails entrelacés sur la voie ferrée, en bas, puis va chercher sa guitare et nous chante du *country*.

C'est encore Gilles Durieux qui m'emmène faire le tour du monde des ambassades avec Unifrance Film en compagnie de ses vraies copines, Annie

Duperey, Claudine Auger, Marie-José Nat, Mireille Darc... C'est nous, les « Durieux's girls », qu'il régale, qu'il exhibe et qu'il gâte, nous, ses fleurons du cinéma français !

Gilles, mon chevalier servant de l'amitié, je sais que tu m'en veux d'écrire ce livre sur Yanne, parce que Durieux et Yanne... c'est Yanne et Durieux.

Je sais combien ton deuil de Jean est contre nature tant vous deux, Yanne et toi, vous vous appartenez l'un l'autre.

Tu as les yeux bouffis de chagrin, tes cheveux ont blanchi, Gilles. C'est toi qui m'as ouvert la route ; grâce à toi, j'ai eu « le code »... le code pour venir dire au revoir à Jean.

Pour moi il était vital d'écrire très vite cette lettre à cœur et à corps ouverts pour ne jamais faire mon deuil de toi, Jean. Ou bien pour le faire tout à fait.

Pour ne rien perdre de nous, j'ai choisi, à ma manière, d'embaumer les souvenirs de Jean et de Nicole.

Mais tendue vers toi, je me rends compte, Jean, que j'ai l'hébétude des gens qui ne sont pas préparés à une situation.

Devant ton corps raidi, tu me mets au pied du mur.

La chemise jaune pâle dont on t'a revêtu, tu portais la même ou une autre presque semblable, mon Jean, à cette fameuse projection.

*
**

Ce soir, on voit les premiers rushes de notre *Marin grec* au studio Antégor, avenue Paul-Doumer.

Je suis près de toi dans la petite salle de projection.

Les techniciens arrivent un à un, le brouhaha est intense, on se croirait dans la cour de récréation d'un jardin d'enfants.

Le noir se fait et, dans la pénombre de la salle, mon cœur bat un peu trop vite lorsqu'une femme brune en imperméable clair fait son apparition.

Tu te lèves aussitôt pour aller à sa rencontre.

Je comprends tout de suite qu'il s'agit de ta femme.

À présent j'ai le cœur qui cogne, je me rétrécis dans mon fauteuil de cuir et, en une fraction de seconde, le sang se retire de mon visage.

– C'est Jacqueline, mon épouse, dis-tu à Raoul Coutard, notre chef opérateur qui passe à ta hauteur dans les rangs.

Un compte à rebours de chiffres en noir et blanc apparaît sur l'écran.

J'ai peur de tout.

De ne pas être à la hauteur, de me trouver laide, du jugement de Yanne, de celui de son épouse...

Avec un goût de cendre dans la bouche, je me

lève et ne peux me retenir d'aller vomir mon marasme dans les toilettes des dames.

Au-dessus de la cuvette qui sent l'eau de Javel, je pleure et vomis de désespoir alors que tu n'es pas encore à moi et que je ne suis pas encore à toi, Jean.

Je me demande pourquoi j'ai si peur.

Toi, tu le sais. Tu viens me surprendre tandis que je me lave les mains.

– Ce soir on ne se voit pas, dis-tu. Ce soir je l'emmène dîner. Je t'appelle demain. Rentre. Pleure pas, ma gueule. Je retourne en projection !

Je me souviens des quais embrumés de mes larmes et de mes hoquets de jalousie aux feux rouges.

Je me rappelle ma voiture en perdition, toute petite sous les camions géants et la pluie sale sur le pare-brise.

Mon studio du boulevard Flandrin m'accueille en mauve et blanc, les couleurs froides de ma jalousie. Je m'endors tout habillée sur le lit de fer forgé de chez Madeleine Castaing. Ce lit si haut qu'il me faut une marche pour y accéder. Je m'y étends les bras en croix, anéantie d'un désespoir profond et familier aux petites Juives d'Europe centrale.

Le boulevard Flandrin désert, avec ses immeubles qui vieillissent sans couleur et ses lampadaires auréolés de jaune, ressemble à un faubourg de Varsovie.

La « Yiddish princesse » déchue s'endort sans savoir que le lendemain sera l'un des plus beaux jours de sa vie.

*
**

En fin de matinée, c'est toi qui me réveilles au téléphone.

– Tu es magnifique, dans le film, tu as fait l'unanimité... Je me demande si je suis pas un peu « jalmince »...

Le soir, tu sonnes à ma porte avec trois roses à la main. Une rose, une jaune et une rouge. Ton parfum de Givenchy me saute au visage.

Tu visites toujours timidement mon appartement, mon antre de jeune fille. Cela t'attendrit, les appartements de femme, dans le mien rien n'est à ta taille.

Dans mon appartement de poupée tu es gêné aux entournures, maladroit comme un nounours à qui on offrirait un pot de miel au couvercle trop bien vissé.

La glace au-dessus du lavabo est accrochée trop bas, la baignoire sabot inenvisageable, le lit trop haut et trop étroit, le papier peint vernissé aux fleurs ouvertes comme des nénuphars d'Andy Warhol trop kitsch.

– C'est l'appartement témoin de Mary Quant, ou alors c'est qu'on est chez sa fille ! me dis-tu dans l'entrée à l'imprimé géant de nos années soixante-dix. Viens ! Je t'emmène.

La fille aux bougies prend des poses au-dessus de la nappe de lin blanc.

Les lumières du restaurant chinois du quartier de l'Opéra lui vont bien au teint.

Au dessert, devant des lychees frais, tu lui tends une boîte orange.

La fille aux bougies cligne de l'œil. Tu lui passes au poignet un bracelet en forme de collier de chien miniature sur lequel la maison Hermès a gravé, exprès pour elle : « Bonjour ! »

Ta chemise en est encore plus bleue, ton col blanc encore plus pointu et sa minirobe de jersey fuchsia à elle, qu'elle a enfilée comme une combinaison, encore plus sexy.

– Je vais faire une chose que je n'ai encore jamais faite... Je t'emmène à la campagne, dans ma campagne. Aucune fille n'y est jamais venue depuis qu'on est séparés, mon épouse et moi. C'est en Champagne ! me murmures-tu doucement, en levant ton verre de saké. Tu veux ?

Au bout de la route de la nuit, dans la Porsche flamboyante avec des lumières au loin comme des lucioles, je découvre Morsains, ta campagne. Votre campagne.

Ta maison est la plus belle maison du village. De plain-pied, une ancienne ferme en rectangle. À Morsains, la clef est à sa place sous le pot de géraniums. À peine entré, tu fais déjà du feu dans la cheminée.

Nos fiançailles se consomment et se consument sur un lit étroit en fer forgé qui grince, et mon nounours a pour sa poupée toutes les délicatesses.

Au petit déjeuner, comme dans la pièce de Barillet et Grédy où joue mon amie Nathalie Piel, sur le plateau repose une rose de ton jardin aux pétales encore frais. À côté des mouillettes beurrées et des œufs à la coque, tu as écrit au feutre rouge, sur une feuille de vigne vierge : « Bonjour. »

*
**

À moi la grande vie, la vraie, la vie d'artiste !

Au bras de mon chevalier servant, je me goinfre de nems parfumés à la menthe à La Route Mandarine, le restaurant de la rue des Beaux-Arts où Claude François, juste à côté de nous, tout près, tout près, vous rendez-vous compte, embrasse une blonde sur la bouche comme l'on se noie !

C'est à La Route Mandarine que tu m'épouses, ce dimanche soir du mois de juillet 1970, à la chinoise, devant des touristes néerlandais.

– Voilà, c'est fait ! dis-tu. Tu es ma femme !

Et Claude François délaisse une petite seconde la

bouche gourmande de sa poupée blonde pour me faire la bise.

Des coquillages de chez Leduc aux salades de truffes de chez Lamazère ou accoudée au piano de la Closerie des Lilas, je bois tes paroles lorsque, sur chaque livre d'or, tu esquisses le portrait d'un pape accoudé à une table qui dit, dans une bulle propre aux bandes dessinées :

« Ici, j'ai mangé religieusement. »

Je tape des mains.

À la Comédie-Française, notre relation en fait jaser plus d'un... les yeux de mes camarades brillent de complicité ou de jalousie. Je m'élance sur la scène et tour à tour j'agrippe le bras de Jacques Charon, ou je me pends au cou de Françoise Seigner avec une ardeur décuplée.

À l'étage Talma, mon habilleuse Brigitte Paquot a bien du mal à lacer mon corset ; je la lui joue à la Scarlett O'Hara, je ne tiens pas en place.

Brigitte achève de crocheter ma robe Louis XIV jusque dans le foyer... Un peu plus et elle entrait en scène avec moi.

Mes camarades de jeu sont tous dans la confidence et il me tarde de te les présenter : Nathalie Piel, Ludmila Mikaël, Jean-Pierre Barlier, Catherine Salviat et Claire Vernet.

Je joue sept pièces par semaine simultanément à l'affiche au théâtre des Champs-Élysées, à la Comédie-Française et à l'Odéon. Sans compter les émissions de radio enregistrées le matin de bonne heure, quai Kennedy, et les répétitions dès 14 heures au foyer du Français. Je n'ai pas le temps de chômer.

Je vis entre « Sainte-Catherine », ton appartement convoité par moi, et mon deux-pièces de jeune fille du 52, boulevard Flandrin.

Pendant le mois de vacances auxquelles ont droit les pensionnaires et les sociétaires de la « grande maison », toi et moi, ainsi que Jean Aurel, nous embarquons pour le Japon, en août 1970, afin d'achever les extérieurs du *Marin grec* à Tokyo.

C'est mon premier vrai long courrier avec un homme. En *first class*, tu commandes deux whisky avec des pistaches. Et nous achevons notre voyage des tréfonds de la nuit dans les bras l'un de l'autre. Je viens de m'endormir un peu pompette avec mes écouteurs sur les oreilles et ta main sur mon front devant le film de Truffaut *Baisers volés*.

Tokyo m'étouffe mais j'attrape froid à cause de la climatisation de l'hôtel Shogun et j'ai des angoisses à cause du décalage horaire. Tu me réconfortes.

Osaka me fait penser à l'univers de Walt Disney, avec son Exposition universelle où l'on transporte les touristes en voitures électriques. J'en ai le vertige.

En dissertant sur tout et sur rien tu m'apaises.

D'animation en animation, devant les pavillons du monde entier, tu trouves que le plus « naze » de tous est bien entendu le pavillon français, et tu le cries sur tous les toits pointus des pagodes !

Coiffée d'une casquette de paille où s'inscrit en lettres rouges brodées « Expo universelle 1970 », moulée dans un pantalon à pattes d'éléphant rayé blanc et vert, je suce des cônes à l'eau et toi tu goûtes des brochettes épicées à tous les stands.

En chemise lavande, faite à tes mesures en une heure avec tes initiales, tu t'empares de la caméra sous l'œil ironique de Jean Aurel et nous volons, en équipe très réduite car sans autorisation de tournage, des scènes entières pour le film.

Nos fous rires, tes dialogues improvisés, tes coups de gueule impriment avec insolence la pellicule tout le long du site de l'Expo.

C'est ainsi que *Le Marin grec* devient un album de famille où Jean et Nicole prennent des ferry-boats, se goinfrent à l'étal des marchés japonais. Sur les sampans de Hong Kong, ils se chamaillent et s'embrassent pour de vrai sous l'œil voyeur d'une caméra et ceci jusqu'à la frontière chinoise.

Chez Lotus Service on me confectionne une robe chinoise d'un satin orange éclatant, et toi tu craques pour des costumes à col Mao.

Chez Lotus Service, on vend aussi bien des armes que des petits garçons, des kimonos anciens que des drogues exotiques. Tu m'y pares de bijoux fins en or et en jade et rapporte, dans tes bagages, des cavaliers chinois sculptés sur bois et dorés à la feuille d'or... pour notre future chambre quelque part.

*
**

De retour à Paris, pour la postsynchronisation du *Marin grec*, tu me fais faire en studio toutes les voix off, celle de la météo, celle des informations routières, celle des jingles de publicité à la radio.

Tu t'amuses même à me faire pousser la chansonnette, si bien qu'au cours de la scène où tu allumes un transistor chez toi c'est moi qui piaille bêtement dans le poste :

Mon amour est parti un jour dans un Boeing
Non, je n'ai pas pleuré, j'ai voulu rester digne !
J'ai pas pleuré, oh non, j'ai pas pleuré...

Ce premier long métrage tourné ensemble s'avère être un très joli film. Françoise Fabian, Francis Blanche, Roger Peyrefitte y font merveille, et à la première séance de sa sortie sur les Champs-Élysées nous le redécouvrons comme un album de famille que l'on feuilletterait à quatre mains.

– 4 –

Notre belle vie

Notre premier Noël arrive. Celui de l'année 1971.

J'ai mis la table, boulevard Flandrin, pour un dîner d'amoureux à deux amoureux. J'ai emprunté une nappe brodée à ma mère et deux chandeliers en argenterie.

Comme je joue *Le Malade imaginaire* en soirée, je referme la porte sur ma caserne d'Ali Baba en prenant soin de cacher la clef de mon appartement sous le paillasson, au cas où tu arriverais avant moi !

Je suis toute à l'énumération de ce que j'ai préparé pour mon homme ; je mets tant de cœur au récapitulatif des cadeaux et des surprises de notre dîner que je manque mon entrée en scène dans le rôle d'Angélique !

Catherine Samie s'époumone, meuble mon retard impardonnable avec des :

– Patience ! Je l'entends qui arrive... ! Voici

votre fille Angélique... ! Elle ne va pas tarder, monsieur Argan... ! Il me semble même que je l'entends...

Pendant que Dorine fait du texte pour lui sauver la mise, Angélique vole dans l'escalier car l'ascenseur est bloqué à l'étage Mars. En relevant sa robe et son jupon, à grandes enjambées sur ses bottines de cuir beige aux talons Richelieu, Angélique dévale quatre étages, arrive à celui de la scène, tourne à gauche, pousse la lourde porte de fer qui s'ouvre sur le plateau et entre enfin côté cour, essoufflée et repentante, le chignon et les anglaises en bataille.

Louis Seigner, qui joue le Malade imaginaire, lève les yeux au ciel et je manque m'évanouir de frayeur dans les bras de ma Dorine, que joue Catherine Samie. Bien que celle-ci me sourie et me réconforte, j'ai la honte de ma vie !

Mon trouble se poursuit et le trac s'en mêle. Voici que j'entraîne ma nourrice dans un ballet improvisé, car je ne me souviens plus de mes places ni des siennes. Et que je tournoie entre mes répliques, que je coupe les siennes et que j'en oublie une à moi, justement, que la Samie rattrape au vol pour me sauver.

Pourvu que j'aie pensé à mettre la bûche au chocolat dans le réfrigérateur !

J'espère que la pluie ne va pas gâcher, sur mon balcon, les fruits de mer alignés sur les plateaux glacés !

Et la mayonnaise pour les tourteaux ? Pourvu qu'elle ne tourne pas !

Afin de gagner du temps entre deux scènes, avant le baisser du rideau, j'enfile mon jean taille 34 sous ma robe Louis XIV et ôte mon corset et mes bottines. Je salue à moitié nue sous ma robe d'époque avec, à mes pieds impatients, des santiags rouges.

En un clin d'œil je me démaquille grâce à ma fée Clochette, Brigitte, mon exquise habilleuse, ma complice, ma grande sœur, qui a tout préparé sur ma coiffeuse.

Dans le parking, je me jette sur mon Austin, dont le pare-brise est décoré d'un macaron bleu-blanc-rouge avec, inscrit en lettres ministérielles, « Comédie-Française ».

Au bout de dix minutes je me gare rue de Montevideo, derrière mon immeuble.

Septième étage... J'ouvre la porte de verre martelé de l'ascenseur... Le paillasson soulevé, la clef repose, inchangée.

Ouf ! Tout est à sa place. Vite, allumons les bougies. Vite, entrebâillons la double fenêtre.

Et l'encens à la cannelle !...

Minuit et demi, 1 heure du matin, 2 heures...

J'ai eu le temps de lisser mon épaisse chevelure blond doré que je laisse pousser pour toi.

Et si je lavais ma brosse ?

Et si je me refilais un petit coup de rasoir sur les jambes ?

C'est chose faite. Tout comme ma lessive. Ma

petite culotte et mes chaussettes blanches sèchent sur le radiateur.

Je me remaquille légèrement en guettant le ronronnement de l'ascenseur Otis dans un nuage de Calandre de Paco Rabanne.

Changée déjà deux fois, j'ai décidé de terminer la soirée – ou de la commencer – en robe d'intérieur. Une sorte de djellaba mordorée qui sied à ma carnation.

J'ai trop chaud puis j'ai trop froid, je remets la mayonnaise dans le réfrigérateur d'où je ressors les citrons coupés.

Je m'assieds sur la haute marche laquée qui mène à mon lit. La tête entre les mains, je me désespère.

Cinq minutes plus tard, en équilibre sur le balcon, d'un pied je retiens la large porte-fenêtre, d'une main je remporte le plateau aux fruits de mer quasi congelés. Il s'est mis à neiger.

Et le téléphone ? L'ai-je bien raccroché ? C'est peut-être à cause de ça que Jean ne peut pas me joindre ? Non ! Il est bien raccroché.

Je me redémaquille, je me déshabille pour finalement enfiler un grand tee-shirt turquoise Fruit of the Loom. Il est 3 h 30 du matin.

Je me couche la couette sur le nez lorsque j'entends un bruit de moteur, celui de ton auto, puis un claquement de portière et enfin tes pas rapides dans la cour de l'immeuble.

Je me lève, cache en boule au fond d'un placard

le tee-shirt de l'amertume et, dans un dernier élan de coquetterie, m'empare d'une nouvelle tenue.

Le ronron de l'ascenseur me tient en haleine et celui d'un coup de sonnette bref me brûle le plexus.

Dans ma longue chemise de dentelle de pensionnaire du couvent des Oiseaux, je me retiens d'aller t'ouvrir, j'ai décidé de jouer les outragées. Pourtant, mes pieds nus s'agitent et me pilotent en automatique dans le noir vers la porte de l'entrée, comme une somnambule, comme une envoûtée.

Tandis que le sol recouvert de sisal étouffe ma présence, je t'épie comme au travers d'une meurtrière, je t'en veux à mort avec ta tronche aplatie et ton gros nez déformé qui me narguent derrière le judas. Timidement, tu resonnes, avec ma clef à la main.

Tu as des cadeaux plein les bras.

– Ouvre, pupu, c'est moi ! Ouvre, ma puce !

La princesse outrée, dans un grand mouvement de manches et de condescendance, ouvre la porte et s'adosse au mur du couloir, l'air très fâché, les lèvres serrées, les bras croisés contre sa poitrine.

Si une petite larme pouvait lui couler au coin de l'œil, cela aiderait bien...

En cheveux vénitiens assortis aux motifs orangés des fleurs géantes du papier peint, la sage chemise de nuit amidonnée doit lui donner un air irrésistible, à ta princesse déchue, car elle t'entend dire :

– Pardon ! Impossible de me dégager, Jacqueline voulait aller à la messe de minuit à Notre-

Dame... Je suis juste venu déposer les cadeaux, on les ouvrira demain ! Pardon !

Tu n'entres pas mais, en jetant un coup d'œil à la table mise où les bougies ont fondu sur leur support de toute leur attente, tu passes la main dans tes cheveux d'un geste las.

– Pour le 31...

– Oui, Jean ?

– Et si on le fêtait le 13 janvier, comme chez les Russes ?

Le 31 décembre, je le passe à la Comédie-Française en jouant *Tartuffe* puis *L'Avare*, et toi en compagnie de ton épouse.

Le 13 janvier, à L'Alcazar, en équilibre sur son trapèze, tout de blanc vêtue d'un maillot de danseuse et de ses collants assortis, la tête en bas, les joues et les cheveux pailletés, Ginette se dit :

– Il a fallu qu'il me l'amène, la petite !

Elle me fait un sourire, tu lui fais un signe de la main, elle s'envole, se rattrape et atterrit sur la scène après un saut périlleux impeccable.

En contrebas, à notre table ronde fleurie de houx et de gui, la vodka coule à flots et, à la fin du spectacle, tu me présentes à la meilleure amie de ton ex-femme, Ginette Garcin.

– Je ne sais pas pourquoi, alors que Jacqueline

connaît votre existence, elle ne me dit jamais de mal de vous ! Vous, Nicole, elle vous aime bien !

Jean la fait asseoir à notre table devenue pour moi la plus festive de toutes.

Merci, Ginette !

*
**

Le 4 mars 1972, tu m'offres une bague ancienne avec un serpent entrelacé de rubis. Sous un miroir dessiné par Mucha, où se reflètent les smokings impeccables de deux violonistes tsiganes, tu me murmures sur la banquette de velours de chez Maxim's :

– Elle a appartenu à Sarah Bernhardt ! Enfin, on va faire comme si... Elle vient de chez Garland, rue de la Paix.

Pour souffler mes vingt-quatre bougies et admirer ma bague, sur la banquette rouge théâtre qui lui va si bien, tu m'as fait la surprise d'inviter l'une de mes meilleures amies de la Comédie-Française. Ludmila Mikaël, ma reine de *Ruy Blas*. Ma reine de théâtre.

Les pommes Maxim's, les côtelettes d'agneau enrubannées, le soufflé à la mandarine et puis au violon, rien que pour moi, les accents nostalgiques de *My yiddish mamé*...

Notre belle vie s'installe sur un nuage.

– 5 –

Du caviar et des truffes

Dans le Midi, je prends le *tchaï*[1] avec Chagall et je joue aux boules avec César. Leurs ateliers s'ouvrent pour toi, et leur intimité m'intimide.

Il me semble que ce sont des faussaires qui peignent ou sculptent des faux...

Ils sont trop vrais pour moi, ou trop irréels... Chagall, César... je ne parviens pas à y croire !

Une mariée de la tour Eiffel détaillée par Marc Chagall de l'extrémité de son pinceau avec son âne bleu, son coq et, au fond à gauche, le village parsemé d'isbas avec sa synagogue me bouleverse.

L'une des compressions de César que tu me passes autour du cou est un module précieux coulissé d'un cordon de cuir noir qui oscille sur ma poitrine.

À Saint-Paul-de-Vence, tu picoles à la fraîche

1. Le thé en russe.

avec Simone Signoret, qui ne répond qu'au nom de Mme Montand.

Bernard Blier appelle pour réserver une chambre.

– Allô ! La Colombe d'Or ? Elle est là, Simone ?

– Ne quittez pas ! Madame Montand ?

Il raccroche. Monsieur Blier réservera pour une autre date...

Pendant que « Casque d'or » signe « Mme Montand » sur les additions et les scores de poker, toi tu croques ton pape imaginaire qui répète à l'infini dans sa bulle : « Ici on mange religieusement ! »

Je rentre émerveillée de la fondation Maeght avec ses Giacometti épais comme des fils de fer montés sur tiges de douze.

Dans le vieux village escarpé de Saint-Paul, tu m'offres des boléros avec des cygnes blancs et noirs et, à Saint-Tropez, tu m'apprends à lancer le cochonnet place des Lices avec Eddy Barclay.

Au bord de la piscine de La Colombe d'Or, allongé dans un transat de toile, tu me commentes *Minute* et *Le Canard enchaîné* tandis que je me jette à l'eau dans mon nouveau deux-pièces bleu délavé de Chez Chose.

– Je vais te trouver un alcool pas trop fort à déguster après le repas ! m'as-tu dit sur le port de Saint-Tropez. Il y en a forcément un qui te plaira !

Après avoir goûté au whisky, au cognac, au Fernet-Branca, à l'alcool de poire et à la framboise, j'ai eu la révélation de la Suze devant le yacht de

Gunter Sachs qui rentrait de croisière avec Brigitte, la Bardot *made in* Saint-Tropez.

La Suze... la gentiane, Bardot habillée en gitane cette nuit-là... Gunter Sachs en pirate. J'en ai eu le roulis.

*
**

« Par amour, ça m'étonnerait que je change quoi que ce soit. Même ma cravate. »

« Le secret de la vie à deux ? Deux ailes à la maison. »[1]

*
**

Un beau matin, j'ai quitté mon studio du boulevard Flandrin pour aller vivre à plein temps chez toi dans le Marais. Mes placards se vidaient peu à peu de leurs vêtements et tu en avais assez de me voir trimbaler ma trousse de toilette avec ses petits cœurs. Alors tu me rachetas tout en double : mon Calandre de Paco Rabanne, une brosse à dents, une brosse à cheveux et des tee-shirts Fruit of the Loom de toutes les couleurs, taille quatorze ans, pour dormir.

T'en souviens-tu, toi qui dors ?

---

1. *Pensées, répliques et anecdotes*, Jean Yanne, Le Cherche-Midi éditeur.

Lorsque je rentre de mes représentations de la Comédie-Française, le plus souvent tu t'es assoupi. Toi, tu es plutôt du matin. Mais, ce soir, tu m'attends avec un dîner aux chandelles et une salade de truffes aux pignons dont tu as volé la recette chez Lamazère.

Parce que demain on se lève tôt, demain tu m'abandonnes sur la place Colette où un autocar va nous conduire à Orly.

La troupe de *Tartuffe*, mise en scène par Jacques Charon dans des décors et des costumes de Robert Hirsch avec Robert dans le rôle titre, Denise Gence dans celui de Madame Pernelle, mon meilleur ami Jean-Pierre Barlier jouant Valère et Claude Winter Elmire... la troupe part en tournée pour l'URSS. Une vingtaine de personnes monte dans le Pullman qui va les éloigner de la capitale pendant plus d'un mois et demi.

Place du Théâtre-Français, devant le buraliste La Civette, les lampadaires s'éteignent un à un au petit jour. Je lève les yeux vers la fenêtre sombre de ma loge qui donne sur la place, et l'on s'attarde... Nous sommes un peu pâles tous les deux. Je porte le manteau de fourrure que tu viens de m'offrir chez Robert Beaulieu. Un double face réversible, bleu marine et blanc. La fourrure se porte à l'intérieur ; c'est une vraie révolution de cet automne 1972, que les fourrures en patchwork.

Jacqueline Cartier est du voyage, elle couvrira le reportage de nos représentations de Moscou à

Leningrad en passant par Vilno. Elle est surtout l'amie du Théâtre-Français, et de Jacques Charon.

Dans le Boeing 707 de la compagnie Aeroflot, dès le décollage, j'ai comme un mauvais pressentiment. On nous sert du thé dans un gobelet et du colin sur un plateau. Je demande à l'hôtesse de l'air une rondelle de citron pour mon thé.

– Pourrais-je avoir du citron, s'il vous plaît ?

Elle ne me répond pas. Je réitère poliment ma demande. Elle me montre alors du doigt une tranche de citron enfoncé dans les yeux du colin et la décolle de sa tête en gelée pour me la fourguer dans mon gobelet de thé.

– *Lemon, Tyt* !

Ce qui veut dire : « Le citron, il est là ! »

Il fait – 30 °C et nous avons tous les mains rougies (malgré nos gants) et le nez gelé en déambulant dans les rues de Moscou, où les jeunes gens titubent de vodka dès le matin.

En échange de mon extravagant manteau, que les Moscovites montrent du doigt, discrètement on me propose des icônes et des antiquités.

Je prends peur, je me sens épiée par notre interprète qui ne me lâche plus les basques, suspicieuse de m'entendre baragouiner le russe que j'ai appris au lycée Victor-Duruy en deuxième langue.

Je me décide à retourner ma veste, c'est-à-dire à porter mon manteau à l'envers, fourrure à l'extérieur, ce qui ne manque pas de me filer une bonne bronchite dans les rues courants d'air de la capitale soviétique. Tous les matins je te téléphone. Tous les soirs je te téléphone.

Je ne dis plus un mot de russe en visitant le bureau de Lénine, la chambre à coucher de Lénine, le tombeau de Lénine sur la place Rouge. Je me fais disputer dans les restaurants parce que mon fameux manteau n'a pas de languette pour le suspendre à une patère. Il est simplement inscrit Robert Beaulieu sur la doublure en lettres fines et dorées.

Cette absence de languette me fait faire la queue dans les musées, dans les restaurants et dans les théâtres.

Lorsque je veux garder mon manteau, ma chose, ma créature du faubourg Saint-Honoré, on me l'arrache et, aussitôt, on cherche la languette introuvable comme on me chercherait des poux dans la tête...

L'histoire se réécrit éternellement. En effet j'apprends que, du temps des tsars, se défaire de ses fourrures en entrant dans un lieu public était une obligation hygiénique : on chassait les poux, les lentes, les morpions, les puces et la gale.

Même traitement pour les bottes : obligation de retirer ses bottes dans les musées et dans les salles de théâtre. Pour avoir le droit d'entrer et de payer son écot, à vous d'emporter une paire de chaussures de ville et de rechange !

Robert Hirsch fait la queue dans les grands magasins à l'étal vide pour acheter du molleton dont il obstrue les fenêtres, car il redoute l'humidité et les courants d'air ; moi je fais la queue à l'épicerie aux vitrines dégarnies afin d'acheter des citrons pour mon *tchaï*.

Au petit jour, ce sont les travailleurs forcés qui me réveillent, ceux qui sont mis à l'amende par le gouvernement et qui raclent la neige des trottoirs devant l'hôtel Métropole. C'est moi qui commande les petits déjeuners pour toute la troupe, puisque je suis la seule à parler russe, puis j'appelle Jean pour lui raconter Andreï Roublev et le village de Zagorsk, où de petites vieilles sans dents mâchent de la mie de pain pour donner à manger aux oiseaux.

À Leningrad, en cette fin d'année 1971, je reçois le plus beau des télégrammes, que mon amie Geneviève Casile lit par-dessus mon épaule : « Les tulipes sont en fleurs et moi je m'étiole. Jean. »

*
**

Je te reviens amaigrie, affaiblie, presque éthérée, les membres déliés comme ceux d'une ballerine du Bolchoï, sans manteau de fourrure ni à l'endroit ni à l'envers mais avec une très belle icône pour toi au fond de ma valise.

– 6 –

Nous ne vieillirons pas ensemble

Je n'ai plus envie de te veiller, et puis à quel titre ?

Tu as eu d'autres femmes qui sont restées à tes côtés bien plus longtemps que moi.

Pourquoi aurais-je la prétention de jouer le rôle de ta veuve ? De quel droit ?

Jean, je ne serai ni ta conscience ni ta mémoire.

Juste ce feu follet de vie que je recueille sur tes lèvres.

Les années que nous avons passées ensemble comptent double ou triple puisque je suis devant toi, terrassée.

Ainsi les années soixante-dix et les autres perdurèrent.

*
**

Au début de l'été 1970, tu me fais venir sur le tournage en Italie de *Fantasia chez les ploucs*.

Gérard Pirès t'y dirige avec Mireille Darc et Lino Ventura. Je n'ai d'yeux que pour Mireille qui dans sa nudité androgyne, avec son sautoir en diamants autour des hanches, joue dans cette aventure picaresque. L'histoire d'une strip-teaseuse, d'un fermier et d'un bookmaker.

Sur le décor en pleine campagne je me fais toute petite, cela ne me donne aucun mal car j'ai tant fait de régimes pour me plaire que j'arrive à Rome légère comme une plume et presque anorexique.

Tu me remplumes chaque soir aux spaghettis carbonara dont tu tiens la recette de Lino.

*
**

L'année où tu tournes *Nous ne vieillirons pas ensemble* – sous la direction de Maurice Pialat et avec Marlène Jobert – en 1972, je pars te retrouver sur ton tournage en Camargue.

À la fraîche, on monte à cheval et les pélicans roses s'envolent.

En fait ce sont les chevaux qui nous montent car chaque soir, à la même heure, ce sont nos vieux Camarguais qui nous reconduisent à l'écurie.

Tu me dépasses au galop, tu t'envoles. Ton foulard framboise écrasée noué autour de ton cou et ton chapeau de cow-boy te donnent de faux airs de John Wayne dans *Rio Grande*.

Tu râles contre les moustiques, tu râles contre

Pialat et contre les inepties qu'il te fait dire dans ce film.

Loin de toi, ton ex-épouse Jacqueline se bat contre la maladie mais tu ne veux rien dévoiler de ton chagrin ni céder aucun pouce de ta peine, afin d'impressionner la pellicule.

– Rien, je ne leur donnerai rien ! De toute manière c'est pas un métier, faire l'acteur ! Ou plutôt si, c'est un métier de gonzesse ! On te fout du fond de teint plein la tronche et du Rimmel sur les cils, je te demande un peu !

Un moustique vient de se poser sur sa joue : vlan !

– Tiens ! Il ne m'aura pas, celui-là ! Venez voir papa, petits mousticos... Approchez ! Approchez ! Où j'en étais ? Ah oui... Tu te fais chier pendant des heures dans ta caravane où on te demande servilement toutes les dix minutes si tu veux un petit café et, pendant ce temps-là, le compteur tourne et tu coûtes un max à la production !

Jean a scotché son texte tout en bas du tableau de bord de la voiture. Tandis que Mlle Jobert verse de vraies larmes et se met la rate au court-bouillon, Jean, la paupière tombante, ânonne les répliques qu'il se refuse d'apprendre par cœur.

*
**

Mai 1972.

À bord d'une voiture de location Hertz, nous roulons devant la mer Morte en Israël.

– Je vais faire découvrir à ma p'tite Juive sa Terre promise ! me dit-il un beau matin. Ton sac est prêt, ma gueule ?

Il m'a appris comment se faire la malle en cinq minutes.

Premièrement, la trousse de toilette toujours à portée de main.

Deuxièmement, l'indispensable mallette aux médicaments.

– Et puis du léger, ma puce, du léger ! On achètera sur place ! N'oublie pas le Goyard de voyage !

Le Goyard de voyage pliable, épais comme une limande, se verra enflé jusqu'à la garde de nos achats faits sur place... en excédents de kilos, bien sûr !

Les bagages Goyard, que je possède toujours, Jean avait décidé de mes les offrir, en dot, lorsque je quittai mes parents pour lui et le boulevard Flandrin.

Du carton à chapeaux au *vanity case* et du porte-monnaie au sac en bandoulière j'allais vivre à l'ère Goyard, bordée de clous dorés et gansée de cuir gold pendant toutes ces années.

Jean, le bras gauche à la fenêtre, chemise blanche de lin retroussée jusqu'à son avant-bras rougi d'un coup de soleil, martèle avec ardeur le capot brûlant au rythme du *Hava Naguila* que grésille par intermittence la radio.

J'ai mis mon chapeau de paille et un ensemble short jaune de chez Courrèges. Il fait une chaleur étouffante ; mes pieds nus prennent l'air sur le pare-brise en se frottant en mesure l'un contre l'autre.

– Dis donc, Jean, qui a eu le prix d'interprétation à Cannes ? Qui l'a eu, dis ?

– Heu !

– Heu... quoi ?

– Ben... c'est papa ! Si on allait se baigner ?

*
**

Tu emportes ainsi, bouleversant tous les festivaliers en ce mois de mai 1972, un prix d'interprétation pour ta véracité, ta sensibilité saisissante à l'écran, « avec un texte ânonné scotché au chatterton sur le pare-brise », ce qui te faisait « l'œil encore plus triste sous la paupière tombante », comme tu le dis à qui veut bien l'entendre.

Quelques jours avant tu t'étais écrié, avec un accent de sincérité et de dérision, sur les marches du festival de Cannes :

– N'allez pas voir le Pialat... Surtout n'allez pas le voir ! Allez voir mon film ! Allez voir *Tout le monde il est beau* !

Tout le monde il est beau, tout le monde il est gentil

était projeté en avant-première à Cannes dans une autre salle, à côté de la projection du Pialat.

Après la remise des prix, je sais par Norbert Saada que tu ajoutas :

– J'ai eu le prix d'interprétation à Cannes parce que, sur douze jurés, six peuvent recevoir des pourboires et six n'y comprennent rien parce qu'ils sont étrangers !

Les feuilles des palmiers de la Croisette en pâlissent encore...

*
**

Pendant ce temps-là, nous, à Bethléem, on se fait petits, on baisse la tête pour pénétrer dans la maison du petit Jésus et mon Jean me murmure à l'oreille :

– Regarde ! C'est moi qu'on prend pour un Juif ! Moi j'ai le physique, pas toi, ma p'tite chérie !

Moi qui n'ai d'yeux que pour mon acteur qui vient de remporter un prix d'interprétation à Cannes, c'est lui qui me photographie et me fait prendre la pose. Pour lui je joue tous les rôles, tour à tour Palestinienne ou Israélienne.

C'est toi, mon Jean, qui a eu le prix d'interprétation à Cannes et c'est moi ta vedette.

Dans le quartier de Mea Chearim, tu me présentes à mes ancêtres et je fais enfin connaissance des femmes en perruque et des petits Juifs aux tresses en papillotes comme mes ancêtres du ghetto de Varsovie.

On mange kasher et l'hôtel King David me semble le plus beau des palais. Après le déjeuner, on a griffonné sur des serviettes en papier des suppliques et des prières que nous allons glisser dans un interstice du mur des Lamentations.

Tu me regardes en retenant ta kippa d'une main.

C'est toi qui me rends ma judaïcité.

– 7 –

La distribution sans prix

Le téléphone sonne. Tu continues à parler en jouant, le récepteur calé dans le creux de ton épaule.

– Je regrette qu'on ne m'ait pas envoyé la palme du festival de Cannes pour en faire une lampe ! dis-tu devant moi à ton ex-femme.

Je te regarde dans la loggia au-dessus de moi ; tu es pieds nus sur la moquette, en peignoir d'éponge, tu joues à l'harmonium une chanson qui parle de pigeons.

Je suis en train de me faire les mains en bas, sur le canapé de cuir blanc.

Après les pigeons, tu entames *Carmina Burana* en latin.

– Il y a longtemps que tu tousses comme ça ? demandes-tu.

L'orgue s'est arrêté.

Lorsque Jacqueline tombe gravement malade, puisque je ne suis plus locataire du 52, boulevard Flandrin, je quitte le Marais et m'en vais revivre chez mes parents au Champ-de-Mars.

– Ou bien je retourne vivre avec elle, ou bien je l'emmène faire le tour du monde ! C'est avec elle que j'ai mangé mon pain noir ! C'est injuste ! Faut comprendre, ma puce ! C'est pas juste !

La puce comprend.

*
**

Chacun de notre côté, en silence, nous faisons notre valise. Moi pour l'avenue Bosquet, tandis que toi tu rejoins Jacqueline à la Muette, dans son appartement du 69, rue de l'Assomption, dont elle s'absente de plus en plus souvent pour ses séances de chimio à la clinique Hartman de Neuilly.

Ginette Garcin ne fait plus que croiser « Beauvais son amour », car sa place est auprès de sa Jacqueline. Jusqu'au bout elle lui tient la main, jusqu'au bout elles se tiennent tête.

Aucun signe de vie à mon intention ne viendra troubler la maladie de ton ex-femme, tel un code de l'honneur que nous nous imposons l'un à l'autre.

Aucun message sur les répondeurs, aucun coup de téléphone.

Ce no man's land de l'amour se fortifie et nous renforce chaque jour avec nos non-dits et nos sentiments bâillonnés.

C'est depuis cette époque que Ginette Garcin me considère toujours avec beaucoup de tendresse.

*
**

J'aime, je suis aimée, presque tranquille je t'attends. J'apprends mes textes, je joue quasiment tous les soirs, je rêve et, comme au temps du baccalauréat, maman me prépare du thé glacé.

Je m'offre des grasses matinées et papa essaye de faire le moins de bruit possible le matin, à 7 heures, dans la salle de bains située à côté de ma chambre de jeune fille.

De la Rosine du *Barbier de Séville* à l'Angélique du *Malade imaginaire*, de la Marianne de *L'Avare* à celle du *Tartuffe*, de Marivaux à Max Frisch et de Molière à Beaumarchais, je croque la vie de mes dents (un peu limées) du bonheur et partage avec la troupe du Français cette année de presque insouciance forcée sans toi.

Dans ma chambre de jeune fille aux doubles rideaux imprimées de chez Frey, un après-midi, le téléphone sonne.

Ma mère arrive en courant et me chuchote :

– C'est lui, ma petite chérie, c'est *Jean !*

Je prends le récepteur.

– C'est fini, dis-tu.

Maman et moi pleurons dans les bras l'une de l'autre. Je dis adieu aux églantines qui s'enroulent aux lierres grimpants du papier peint de ma chambre de jeune fille.

Je suis enfin devenue adulte.

J'écris une longue lettre à Ginette Garcin pour lui demander de me représenter dans le cœur de Jean le jour de l'enterrement de sa meilleure amie.

Depuis ce jour, Ginette me regarde avec amour.

*
**

En 1971, tu rencontres Jean-Pierre Rassam.

Yanne et Rassam se séduisent et vont bouffer dans les meilleurs restaurants de Paris, ils se marrent bien ensemble. À eux deux ils ont tous les culots et toutes les audaces, en particulier celles de refaire le monde et le cinéma français !

Ils s'avouent leur amour au bar du Fouquet's devant un baby avec glace, à 4 heures du matin, puis fondent la société de production Cinéquanon qui va en faire crever d'envie plus d'un.

Jean devient metteur en scène pour son premier film coproduit avec Jean-Pierre Rassam – *Tout le monde il est beau, tout le monde il est gentil* –, qui fait un malheur dès le jour de sa sortie, en 1972.

– Laisse-moi faire mes premières armes, Titi ! Tu joueras dans le prochain ! Tu veux ? me dit Jean.

Le film est délirant de drôlerie et d'insolence, si moderne que Yanne y semble un visionnaire.

Le milieu magouilleur de la radio, le ton qu'il

donne au film avec Bernard Blier, Marina Vlady et Jacques François, révèlent aussi au grand public un génial Daniel Prévost et une inimitable Ginette Garcin, ses amis de la première heure.

Gérard Sire, Tito Topin, Robert Beauvais, Rassam, tous sont de la partie.

Jean s'achète une nouvelle voiture, une Mercedes décapotable, un coupé de couleur grenat... Une 250 SL. Le Klaxon de son nouveau joujou émet les premières notes de musique du générique du film *Tout le monde il est beau* !

On sillonne la France en se marrant. L'argent coulant à flots, il faut faire des films d'auteur – allons, soyons un peu sérieux, faut penser aux impôts !

De *Touche pas à la femme blanche* de Marco Ferreri à *Lancelot du Lac* de Bresson en passant par des films d'horreur signés par Paul Morissey, un disciple d'Andy Warhol, du genre *Du sang pour Dracula* ou *De la chair pour Frankenstein*, Rassam et Yanne comptent leurs recettes et leurs déficits à Ciné-quanon en hurlant de rire.

Thérèse, la taulière du Tong Yen, vient leur livrer elle-même ses nems et son canard laqué, et tels deux aigles perchés dans leur nid douillet aux baies vitrées du 33 de l'avenue des Champs-Élysées, avec Yanne et Rassam, le cinéma français en prend pour son grade.

Ils me font penser aux *Producteurs* de Mel Brooks avec leurs petites bedaines, leurs longs cigares Monte Cristo n° 2 et leurs fous rires communicatifs.

Paris est à leurs pieds, les politiques les congratulent, les banquiers les idolâtrent.

« – Vous êtes à la fois scénariste, réalisateur, acteur, producteur et attaché de presse de vos propres films. Pourquoi tout cumuler ?

» – Pour gagner du temps, en France, l'auteur doit dialoguer avec l'acteur principal qui dialogue avec le réalisateur, qui dialogue avec le producteur, qui dialogue avec l'attaché de presse. Ça fait quatre déjeuners. Moi je supprime les intermédiaires, je bouffe un hareng le soir tout seul à poil dans ma cuisine et quand j'en sors tous les problèmes sont réglés. [1] »

---

1. *Pensées, répliques et anecdotes*, Jean Yanne, Le Cherche-Midi éditeur.

– 8 –

Et Tartuffe ?

Cet hiver 1973, pressée par la Comédie-Française, il me faut prendre une décision pour *Ondine* de Giraudoux.

J'appelle Jean au milieu de la nuit.

Il est parti en Thaïlande tourner *Le Saut de l'ange*, d'Yves Boisset, avec Sterling Hadden et Santa Berger.

– Allô ? C'est moi ! *Ondine* est reculée d'une année et on me propose un grand film américain...

– Fais ton film !

– Mais Raymond Rouleau a fait prendre les droits d'*Ondine* pour moi...Tu sais bien !

– Le projet est reculé d'un an, tu n'y es pour rien ! Fais ton film, ma puce ! C'est quoi ?

– *Les Trois Mousquetaires*, réalisé par Richard Lester.

– Celui qui a fait le film des Beatles ? Au moins tu vas te marrer, cela te changera de Giraudoux !

– Et *Tartuffe ?*

– Quoi, encore ?

– Si je fais le film je ne pourrai pas tourner la télévision de *Tartuffe*. C'est au même moment, Jean !

– Donne ta démission ! Et si tu as un souci appelle Me Kiejman de ma part. Il sera très gentil.

Rue de Tournon, Me Kiejman me donne une consultation gratis : il adore les actrices.

***

Pierre Dux fronce les sourcils :

– Vous n'y pensez pas ! Quitter la maison ? Je vous observais hier soir dans *Tartuffe*, c'est remarquable, Calfan, ce que vous y faites ! Allons donc, vous allez faire une grosse bêtise ! Quitter le Français ? Moi qui allais vous faire nommer sociétaire par le comité de fin d'année !

J'ai justement très envie de reprendre ma liberté lorsque l'administrateur Pierre Dux me fait savoir que j'ai de grandes chances de passer « sociétaire ».

À l'époque il fallait signer pour vingt ans, et je panique à l'idée de ne ressortir du Français qu'en 1993... Et puis par-dessus tout, ma vie amoureuse éprise de liberté avec Jean Yanne l'emporte.

Au sein de la troupe, mon amie Catherine Salviat me remplace pour la télévision de *Tartuffe* et, grâce à elle, je peux poser ma démission en mai 1973 sans litige.

1969. Pensionnaire de la Comédie-Française, je joue le rôle de Rosine, dans *Le Barbier de Séville*, aux côtés de Michel Duchaussoy (*à gauche*) et Alain Pralon (*à droite*).

Notre histoire d'amour commence en 1970…

Les inséparables…

Êtes-vous fiancée à un marin grec ou à un pilote de ligne ?
Notre premier film ensemble...

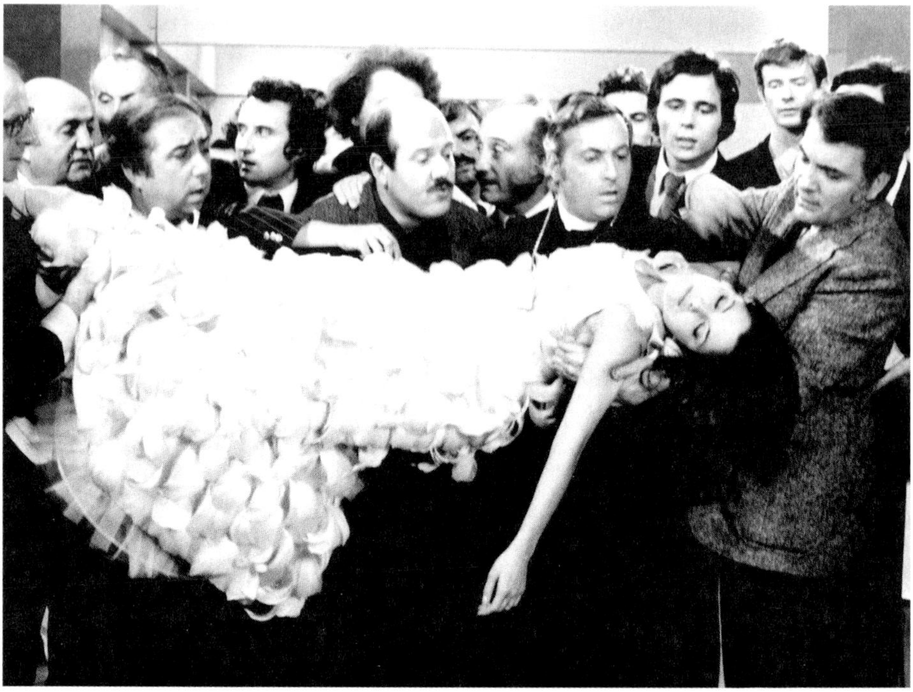

Sur le tournage de *Moi y en a vouloir des sous*, avec, entre autres, Michel Serrault, Daniel Prévost, Bernard Blier, Jean-Marie Proslier, Macha Méril et... Jean !

Avec mon professeur
du Conservatoire,
Fernand Ledoux.

Sur le tournage
des *Chinois à Paris...*

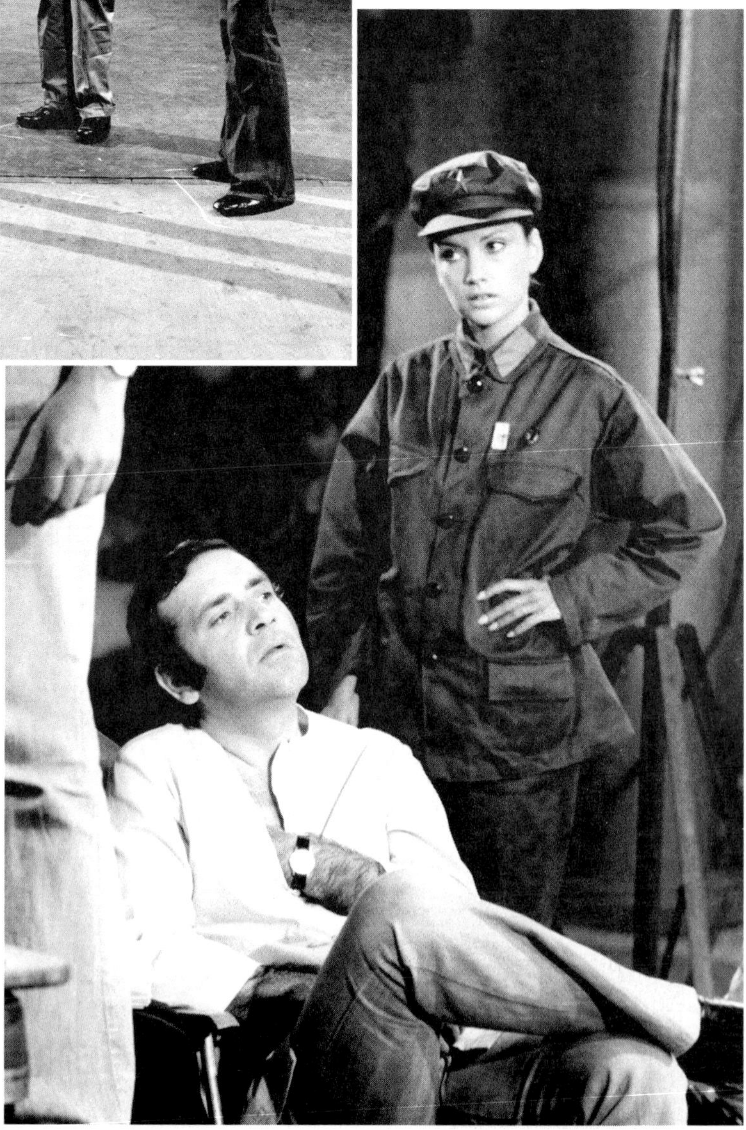

Après lui...

Joyeuses Pâques,
au Palais-Royal,
ici avec Jean Poiret.

Huis clos, ici
avec Daniel Gélin.

Mon Loulou et moi,
dans l'« appartement des femmes »...

Dans ma loge, les derniers temps, j'ai vu remonter de scène ma future remplaçante les yeux rougis d'émotion, le menton tremblant, avec la mine désolée d'une vraie ingénue. Elle s'appelle Isabelle Adjani, elle a quinze ans et demi.

Isabelle vient de tourner dans *La Gifle* de Pinoteau et, sur la moquette bouton d'or, j'enjambe les textes, les pièces et les scenarii qu'on lui propose.

Elle est réservée, exquise, une héroïne à la peau laiteuse et au regard bleu marine.

Avant de partir, je lui laisse au rouge à lèvres un message sur le miroir placé au-dessus de sa coiffeuse :

« Soyez heureuse, Isabelle, *Ondine* est mon cadeau. Bonne chance. Nicole. »

C'est en jouant *Ondine* de Giraudoux qu'Isabelle est née au théâtre et qu'Adjani est devenue une star.

J'ai vidé ma loge. Au mur, une carte postale représente *La Liseuse* de Fragonard et, à son endroit, on peut lire :

« Mon ange, tu ressembles à cette merveille de Fragonard. je t'aime tendrement. Alain Delon. »

L'huissier de la Maison de Molière fait l'aboyeur entre les étages :

– Vingt minutes ! Dans vingt minutes en scène !

Place Colette, les réverbères s'allument en pointillé. La brasserie Ruc Univers s'habille de néons.

La petite marchande de violettes traverse l'avenue de l'Opéra en poussant sa brouette vide.

Ce n'est plus moi qui joue et Brigitte, mon habilleuse, pleure.

Elle pleure tant que je lui propose de me suivre à l'extérieur ! Jean en est d'accord ; Brigitte Paquot, elle aussi, donnera sa démission de la Comédie-Française pour devenir mon habilleuse au cinéma.

La trentaine, les yeux bleu profond, sa rondeur est ma joie de vivre lorsque chaque soir elle lace mon corset et prépare « mon petit panier » pour les retouches de maquillage côté cour ou côté jardin, à l'étage de la scène.

Brigitte, c'est ma petite cousine à la mode de Bretagne ; normal, elle est bretonne et a vu le jour le 4 mars, le même jour que moi. Chaque année, elle me fête encore par écrit mon anniversaire, et chaque année je lui réponds.

*
**

Tous les matins, Jean me fait répéter :

– *How do you do, Mr Lester ? So pleased to meet you ! Thank you, Mr Lester. Charmed ! Charmed !*

Il promet de me retrouver en Espagne pour mon tournage.

Dans les environs de Madrid, sous le vélum blanc aveuglant de soleil de la cantine, je présente à mon Yanne Michael York et Richard Lester, Carlos

Saura, le compagnon de Géraldine Chaplin, Charlton Heston et Raquel Welch.

– *Charmed ! Charmed !*

À la fraîche, dans la piscine de l'hôtel, on fait de la brasse avec la petite famille de Christopher Lee, mon doux vampire à la dentition impeccablement rangée pour les besoins du film !

*
**

Tandis que Patricia York me poursuit sur le tournage pour me faire poser toute nue dans un tonneau, son mari Michael déborde de charme et d'élégance. Richard Chamberlain veut que je lui raconte la Comédie-Française et Raquel Welch a jeté son dévolu sur l'une de mes robes paréos, que je lui offre de bon cœur.

Les jours où l'on ne tourne pas, le plus dur est de ne pas prendre de couleur sous le cagnard espagnol. Moi, j'ai trouvé la solution : je bronze au bord de la piscine en cachette et, le matin du tournage, je me lève une heure plus tôt pour me frotter au gant de crin.

Jean est abasourdi du nombre des figurants réunis sur le tournage, des moyens gigantesques de ce film hollywoodien. Cela le laisse rêveur.

Le matin, à la fraîche, il assiste médusé aux répétitions des duels et aux cascades dans le vaste patio de l'hôtel.

L'après-midi, pendant que je tourne, il visite le

Prado, et le soir on se retrouve en amoureux dans les rues de Madrid, avec son bras autour de ma taille.

C'est la toute première fois que je me crois enceinte. Je te l'avoue à l'oreille devant l'estrade d'une boîte de nuit à ciel ouvert où un couple enlacé trépigne à l'unisson au son d'un flamenco torride.

Tu me dis :

– Te faire un petit bébé ? À toi, la poupée ? Une poupée dans la poupée ? C'est pas possible !

La couleur de ta voix n'a rien de fâché, bien au contraire.

Je me rends dans une pharmacie pour acheter un test de grossesse.

– *Te quiera niño* ? me demande la pharmacienne avec un magnifique sourire.

J'acquiesce, pas tellement sûre.

Le test est négatif.

C'était une fausse alerte qui couvait de plus d'un mois et demi et Jean ne reparlera plus jamais de bébé, ni moi non plus d'ailleurs.

***

Nous nous apprêtons à déménager, à quitter le XVIe arrondissement.

La rue de l'Assomption a fait son temps, pourtant Thérèse – l'ancienne employée de Jacqueline – m'y avait accueillie comme une fille adoptive lorsque tu me ramenas du Champ-de-Mars de mes parents à la Muette.

Le temps du deuil, tu l'avais pris avec celui de vider l'armoire aux médicaments et de préparer Thérèse.

– Thérèse, c'est le moment ! Voilà, c'est elle ! C'est Nicole !

Je me souviens des larmes de Thérèse dans la cuisine, qu'elle essuyait dans un torchon, de ses quelques mots bredouillés en portugais et de l'élégance de son âme simple pour me faire visiter l'appartement et les placards où je pourrais ranger mes affaires.

Un jour, Thérèse a préféré partir et nous aussi. Nous avons quitté le 69 de la rue de l'Assomption où j'étais heureuse mais qui rappelait de mauvais souvenirs à Jean.

*
**

Du plafond de notre chambre, à Paris, tu as décidé de faire un lac de saphir.

– Encore une couche ! Encore une petite couche de bleu !

Les peintres repeignent, laquent, relaquent.

Ce n'est jamais assez bleu ni assez lisse.

Il faut dire qu'il est à fond dans sa période « laque », notre Jean, tandis que je suis dans ma période Sonia Rykiel.

Tu m'entraînes dans le Marais pour vérifier les performances de notre équipe de laqueurs sur bois. Au pistolet, masqués, les voici qui laquent en jaune moutarde toutes les portes des placards et des vaisseliers à l'ouverture aimantée.

La peinture gicle dans l'arrière-cour de l'atelier, se faufile dans les caniveaux et met du soleil sur les trottoirs du Ier arrondissement.

Jean retrouve les gestes de son père, le menuisier de la rue Henri-Barbusse aux Lilas.

Du travail bien fait, du travail d'artiste. Il aime caresser le bois. Tout comme celles de son père, les mains de Jean sont habiles, bricoleuses, affairées, adroites. Des mains de travailleur.

Chez Sonia Rykiel tu m'offres la nouvelle collection rose bonbon. Les gants, le chapeau, le sac, les cardigans, les pulls aux premières encolures de ballerine avec leurs jupes longues en jersey. Du mimi, du doudou comme j'aime. J'ai l'air d'une fraise.

*
**

On fait une escapade à Londres et en me regardant dans le miroir d'une vitrine, à Trafalgar Square, je dis à mon ami Jean-Pierre :

– Regarde-moi ça, je suis habillée par Rykiel, j'ai des chaussures de chez Céline, un sac de chez Dior, une veste en cuir de chez Marie Martine, il pleut et j'ai l'air d'une truffe !

Nous faisons tellement de shopping, j'ai tant de

choses à te montrer dans notre chambre d'hôtel, au Hilton, que j'en oublie mon bain et que l'inondation se propage sur deux étages tandis que je tournoie « en faisant la mannequin » pour toi, devant la glace en pied de notre suite royale. Tout l'hôtel écope et éponge. Tu ne me grondes pas.

J'ai honte : j'ai vraiment l'air d'une pomme !

– 9 –

Des sous !

Il veut refaire un film très vite, Jean, mais cette fois avec moi en vedette, sa nouvelle égérie.

Sur la moquette tête-de-nègre haute laine, il marche de long en large à Cinéquanon, Jean.

Les Champs-Élysées s'habillent de néon, la scène du Lido déshabille les Bluebell Girls, Bernardin les rhabille de lumière au Crazy Horse et les cinémas ferment. Jean réfléchit, rigole, se marre tout haut et tout seul.

Il possède le sujet de *Moi y'en a vouloir des sous...* Il s'agit d'un important conseiller financier qui choisit de quitter son groupe pour s'allier aux idées de militants syndicalistes !

Dès le mois de juin (mon année n'est pas terminée), je prends un congé pour me faire remplacer au Français et être libre de tourner aux côtés de Jacques François, Bernard Blier et Michel Serrault.

Je fais engager tous mes anciens copains du Conservatoire, ceux qui ont faim.

– Lui, il ne se nourrit que de bananes et ne peut plus payer son loyer. Jean, *please...*

– Madame a parlé, on le prend, ton acteur !

Brigitte Paquot signe son contrat d'habilleuse. Annie Bartanovsky, sa secrétaire, s'imagine déjà en costume de l'Armée du Salut pour faire de la figuration, tous mes amis se font enrôler sans jamais passer un seul casting. Nathalie Piel répète son rôle de copine syndiquée et moi je passe entre les mains de Courrèges pour les premiers essayages des costumes.

Jean-Roger Caussimon apprend à chanter en latin dans la nouvelle église moderne de Pantin tandis que mon cher professeur du Conservatoire, Fernand Ledoux, signe son contrat sous les yeux ahuris de Jean-Pierre Rassam.

Alain Sarde passe la tête avec son frérot auteur de musique de films, Norbert Saada ouvre sa boîte de Davidoff n° 2, Toscan du Plantier vient donner son avis en voisin.

Au premier étage de la Pizza Pino, les Ritals sont loin de se douter qu'au-dessus de leurs têtes se commandite un nouveau triomphe du cinéma français.

C'en est fait du destin d'Alain Sarde... Il trouve sa voie comme chauffeur de la nouvelle Mercedes de Jean Yanne avant de produire, avec le brio que l'on connaît, près de deux cents films !

Sarde participe « en stagiaire à l'essai » à de nombreuses veillées créatives. Il faut le voir, attablé au Fouquet's, ce trio infernal composé de Rassam, Sarde et Saada, jamais las de refaire le monde et de se fendre la gueule devant un J&B avec glace jusqu'à ce que le jour se pointe...

Dans les films de Jean Yanne, je touche mes plus gros salaires de comédienne.

– Normal ! me déclare mon fiancé producteur-acteur-metteur en scène de sa voix chaude. Ça reste dans la famille !

Jean a beau dire à Forlani que : « s'il n'y avait pas eu Audiard il aurait pu être dialoguiste », en attendant il planche sur les dialogues, sur la musique, sur la mise en scène, sur les décors, sur les costumes. Moteur ! Tourne ! Action !

Ginette Garcin, Daniel Prévost, les Frères ennemis et enfin tous les camarades de Yanne, les vrais, ceux de la première heure, Georges Beller, Maurice Gambier et Daniel Proslier composent le générique du film.

Dans *Moi y'en a vouloir des sous*, Jean me transforme en revendicatrice du MLF, hurlant dans un mégaphone des tas de slogans auxquels je ne pige rien. Pour grand frère, il me donne un Michel

Serrault en soutane qui me passe sur le gril au confessionnal !

Mon metteur en scène me filme en garde à vue avec mes copines syndicalistes et l'on s'époumone derrière les barreaux d'un commissariat tourné en studio.

Brigitte Paquot tombe amoureuse du régisseur Alain Demouzon, ses joues en sont encore plus roses. En quittant le Français, elle trouve par mon intermédiaire le chemin de son bonheur, se marie et fonde une famille.

Demouzon lâchera la régie quelques années plus tard pour devenir l'auteur à succès de romans policiers que l'on sait.

Le film se termine dans un champ de pétrole, aux environs de Paris, où nos pires ennemis viennent repentants et bien fourbes nous baiser les mains, comme ils viendraient soumis au pape du Vatican !

– Des sous ! Des sous ! hurle la foule.

Et c'est beaucoup de sous qui affluent à la boîte de production de Yanne, Cinéquanon.

– 10 –

Notre Vieux Colombier

Il lui prend des envies de théâtre, à Jean, en ce début d'année 1973. Une idée cachée qui germe, qu'il rumine et digère.

Jean a décidé de racheter le Vieux Colombier, de le rénover et de m'en faire cadeau. Il se prend pour Citizen Kane ! Ou bien il me prend pour Ève Lavallière et lui pour Samuel, son mentor directeur du théâtre des Variétés.

Je ne saisis pas ma chance, encore moins le transport de mon Louis Jouvet pour sa nouvelle Madeleine Ozeray, ou bien encore celui d'un Arthur Miller pour sa petite Marilyn.

Désabusée je n'y crois guère... et puis tous ces travaux !

Mon ami Jean-Pierre fait des devis et des plans... J'assiste à de vagues réunions de chantier. Surprotégée je deviens écervelée tandis que Jean fait des projets d'avenir.

– Oh ! Et puis encore une fois, Jean, tous ces gravats, tous ces fauteuils cassés, ce lourd rideau sombre en guenille ! Qu'est-ce qu'on va en faire ?

La muse de Jean s'entortille les pieds dans le rideau de scène cramoisi de ses rêves assouvis. Elle boude le Colombier, trop gâtée, la muse.

– 11 –

Virage dangereux

Pendant l'été 1974, je pars en Grèce tourner un film. La compagne de Gilles Durieux – le meilleur ami de Jean – m'entraîne dans une aventure qui sent bon le camélia, la feta et le barbougna grillé à la plancha.

Je me laisse compter fleurette dans le quartier de Plaxa et je bats des cils au son des guitares qui énervent mes vingt-cinq printemps en grignotant des pistaches.

Sur mon magnétophone de poche, Marinella remplace Sylvie Vartan et je n'ai d'yeux que pour mon partenaire grec, un Delon *made in* Athènes, Lakis Komninos.

En escapade pour des extérieurs à Rhodes, je cède à des pulsions bien étrangères à moi-même et j'étudie en *live* la langue de Sophocle : « Je te veux – tu me fais du bien – je te veux. »

Je perds ma fidélité à Jean dans les bras d'un

Hercule qui tremble comme un colosse touché par mes flèches de Parisienne frivole. Je ne comprends rien à ce qu'il me balbutie dans son anglais médiocre coloré de grec. Mais tandis qu'il se pâme pour moi, ce même jour, à la même heure, à des milliers de kilomètres, à l'instant même de ma tromperie aux faux airs de Club Med et de sirtaki, Jean, *mon Jean* fait son premier infarctus.

*
**

Jean-José Richer est venu me chercher à Orly. Mon joli petit cul doré rassasié de plaisir et de soleil débarque dans la capitale. Je ne vois pas mon Jean derrière la barrière de la douane, c'est son directeur de production qui me réceptionne.

Le long du trajet, Jean-José me complimente sur mon bronzage. Je lui demande où est Jean, il bafouille puis se reprend. Je m'étonne.

– Ce n'est pas le chemin de la maison, dis... Où tu m'emmènes, Jean-José ?

– C'est une sorte de raccourci.

Après moult embouteillages, fausses pistes et une totale mauvaise foi, nous nous garons devant l'hôpital Rothschild.

Jean repose en blouse, les mains croisées sous un drap blanc. Il m'accueille d'un geste désolé de ses belles mains sombres tendues vers moi, et le voici qui s'excuse en désignant une canule de perfusion.

– Mon pupu, ma puce, ma gueule, c'est rien. Surtout t'affole pas !

Tito Topin me fait signe de l'autre côté de la baie vitrée, il suce une glace et je lui en veux à mort, je ne sais pourquoi. J'embrasse les mains de Jean... Il me caresse la tête. Ses yeux sont enfoncés et ses joues très pâles tandis que Tito s'attaque au bâtonnet de son cône glacé en sorbet.

J'ai envie de l'étrangler, alors qu'il a du mal à déglutir sa propre inquiétude.

Je dépose au creux de la blouse de coton de mon Jean des komboloïs de toutes les couleurs et un camélia desséché avec mon cœur affolé qui rentre au bercail.

Il est nu sous cette camisole aux cordons défaits. Je relève une mèche sur son front, je pose mes lèvres sur lui. Il sent comme l'intérieur d'une pharmacie.

Le soir même j'appelle Le Pirée, et mon « marin grec » de cinéma comprend que sur moi pèse la fatalité.

*
**

Michel et Marie-Claude Magne se marient à la hongroise au son des balalaïkas. C'est la fête à Hérouville. Dans les cheveux, nous portons tous des couronnes de fleurs tressées à base de bleuets pour les garçons et de roses en boutons pour les filles. Jean et moi sommes témoins de mariage et la noce se poursuit tard dans la salle des fêtes du village. Nos têtes couronnées se fanent. Au petit matin, avec nos coiffes penchées et avachies, dans le studio où ont enregistré les Beatles et les Stones, M. Magne improvise au piano avec Jean les premières mesures de *Moi y'en a vouloir des sous* et sa jeune épouse *made in* Hongrie danse pour nous. Marie-Claude retrousse les pans de sa jupe blanche brodée et martèle le sol de ses bottines rouges.

*
**

Ginette Garcin épouse « Beauvais son amour » après dix-neuf années de fiançailles. À la mairie des Essarts-le-Roi, Gérard Sire vient en voisin camper le rôle de témoin pour Ginette. Jean Yanne est celui de Robert Beauvais. Catherine Anglade, Christine Fabréga, Françoise Versini et Jean Amadou sont émus bien que Ginette affirme à qui veut l'entendre :

– Ne pleurez pas, mes chéris, on se marie pour les impôts !

Et moi, personne ne m'épouse ?

Tantôt Jean couvre de sa plume fine et linéaire des pages blanches à l'encre de Chine violette, tantôt il chine à Saint-Germain-des-Prés.

Il a attrapé auprès de mon père le virus de la peinture, comme mon père il a des envies de collectionneur.

Les toiles de Jean Robert, exposées à la galerie Valéry-Schmidt, éclairent nos murs laqués de leurs couchers de soleil ocres et craquelés, la faune et la flore étranges de Jakubowicz éclaboussent le salon, enfin les arbres de Lamy se tordent de bleu indigo dans la salle à manger.

Jean engage un maître d'hôtel noir qui nous sert en gants blancs autour d'une vraie table de marbre. Cela nous change de nos plateaux télé !

Les copains se marrent lorsqu'ils viennent dîner à la maison. Jean n'est plus aux fourneaux, c'est Mamadou dans son tablier de madras qui épluche les truffes et assaisonne les pignons à l'huile de noix.

Dans le salon, les canapés sont plissés de cuir marron ou beige, ils viennent tous du Danemark, les lampes de chez Knoll, les fauteuils de chez Le Corbusier, quant aux téléphones dessinés par Jean ils sont tout transparents !

Ma salle de bains est du même rose que la salle à manger de chez Maxim's, les appliques identiques. Jean a tenu, d'après ses propres croquis, à les faire reproduire pour moi chez un artisan électricien de la place Maubeuge.

Notre lit repose sur une estrade à la moquette blanche, balayée par un flot de voilages dégradé de bleu ciel.

Nous sommes comme des rois au n° 100 du boulevard Maurice-Barrès. Je m'endors, bercée par le barrissement des éléphants, le rugissement des lions. Je ferme les yeux, j'ai l'impression d'être au lit en Afrique du Sud avec Joseph Kessel.

Mon Austin file dans le bois de Boulogne et Jean me dit de plus en plus souvent :

– Pupu ! va moins vite !

J'ai l'impression d'avoir la responsabilité d'un passager précieux et fragile lorsque je me gare devant la grotte aux ours, au pied de notre maison.

Vêtu de son jean et d'une chemise jaune, il porte souvent la main à son cœur en pénétrant dans notre appartement de star où flotte toujours un peu de son parfum de Monsieur Givenchy mêlé à mon Calandre de Paco Rabanne.

– Si on te fout la main aux fesses, je ne pourrai plus me battre comme avant ! me dit Jean presque tous les jours.

Il est triste, mon Jean, je le vois bien. Il a arrêté de boire et rangé ses cartouches de Marlboro dans le placard en laque moutarde de l'entrée. Chaque matin, il chasse du revers de la main l'échappée des oiseaux exotiques du Jardin d'acclimatation perchée sur notre balcon doré. Il ne leur siffle plus : « Si j'aurais pas connu Jésus, ma vie aurait été foutue... » comme il l'avait écrit pour Ginette Garcin dans le film *Tout le monde il est beau, tout le monde il est gentil.*

Il ne fait plus glisser le toit ouvrant sur la terrasse pour me « faire le festival de Cannes ».

Il n'a plus envie d'arroser les sapins, ni le lierre, et les lauriers-roses ont soif.

Il me dit :

– Ma gueule, je vais te chercher partout dans la maison si tu repars tourner un nouveau film à l'étranger. C'est toi, mon plus beau décor. Le plus beau des corps ! Ça ne te fait pas rire, ça, ma gueule ?

Il a beau blaguer au téléphone avec Michel Duchaussoy ou Norbert Saada, ricaner avec Jean-Pierre Rassam ou Tito Topin, ses éclats de rire sonnent faux.

– Tu te souviens, Tito ? Il est loin, le temps de *La Langouste ne passera pas*... C'est que tu me coûtes des ronds comme affichiste, maintenant !

Il est devenu fragile, il se sent fragile.

Derrière son bureau de verre, Jean rallume son premier cigare et découvre des cigarettes de pharmacie au goût de *shit !*

Avec elles, le sourire lui revient, ainsi que les réunions jusqu'à plus d'heure, et mon guerrier reprend ses armes.

– 12 –

Il est parfois des films nuls qui font basculer votre vie

Je pars tourner un film en Autriche à Gmunden parce que le metteur en scène anglais, Cyril Frankel, photographies à l'appui, ne jure que par moi à cause de la forme de mes oreilles !

Dirk Bogard, Ava Gardner, Timothy Dalton et Frederic Forrest sont déjà sur place, dans la neige, auprès du lac gelé du village silencieux de Gmunden.

Ce gros bourg tourne le dos à la montagne et s'ouvre sur un grand lac peuplé de cygnes.

Ava Gardner me file le blues dès le matin, au maquillage, en me demandant :

– *Put Frankie on, please*, Nicole ! [1]

Miss Gardner s'est rencardée sur le choix des

1. « Mets-moi Frank (Sinatra), Nicole, s'il te plaît ! »

enregistrements que je transporte partout avec mon magnétophone de poche. En découvrant que j'ai trois cassettes de Sinatra, elle décide dès le premier plan du film qu'elle m'aura à la bonne.

Lorsqu'elle n'est pas trop saoule elle tourne l'après-midi, sinon elle dort. Pour ce faire, la régie a prévu deux plans de travail différents au cas où... *Strangers in the Night* de Sinatra fait trembler la main de la maquilleuse autrichienne qui tente en vain d'appliquer du mascara noir sur les cils d'Ava, laquelle pleure dès 6 heures du matin.

Frederic Forrest fait à son tour pleurer la maquilleuse qui s'est jetée à son cou le premier jour de tournage et qu'il a jetée dès le premier soir.

Moi j'en ai la larme à l'œil de jalousie, parce que ce Frederic Forrest, en tout bien tout honneur, j'en pince un peu pour lui... et franchement, cette maquilleuse, je la trouve plutôt moche.

Bref, lorsque l'on entend les premières mesures de Frank qui pousse la chansonnette avec *That's life*, le deuxième titre de l'album, la caravane est dans tous ses états.

Dirk connaît Jean Yanne comme acteur et le respecte mais nous nous entichons l'un de l'autre très vite et il devient mon mentor sur le tournage de *Permission to kill*.

C'est lui qui m'enseigne qu'une femme est la plus élégante lorsqu'elle porte une petite robe noire en toute circonstance, qu'il ne faut pas aller dîner avec son maquilleur ni avec son coiffeur, mais savoir vivre la solitude d'un tournage seule dans sa chambre d'hôtel le soir, avec le room service...

Qu'il ne faut à aucun moment se présenter sans maquillage ou encore moins en bigoudis, même sous la tente de la cantine d'un tournage, et qu'il faut savoir se regrouper, se rassembler seule et attendre dans sa caravane.

Le soir nous comptons nos Mogadon ensemble par téléphone et, sur le tournage, je bois ses paroles.

Il insiste pour que je fasse combler l'espace que forment mes dents « du bonheur », mais sur ce plan-là je ne l'écouterai pas.

Dirk Bogard devient mon maître à penser, sa manière de faire mon mantra.

Consciemment ou inconsciemment, il me détourne un peu de Jean pour me façonner à sa main, telle une icône.

Dirk veille à mon accent, à mes costumes, à ma coiffure et à mon maquillage. Il croit en moi et se baptise mon « *godfather* », mon parrain.

De cette amitié tendresse découlera une longue correspondance et des visites répétées chez lui, à Châteauneuf-de-Grasse où il s'empressera d'ouvrir la portière de mon Austin tandis que son compagnon Tony achèvera de dresser la table avec sa porcelaine anglaise sous la charmille.

En m'éloignant un peu de moi-même, je perds aussi de mon exactitude.

Lorsque je rentre à Paris, afin de célébrer mon anniversaire raté de la veille, Jean a fait disposer par un Mamadou au sourire assorti à ses gants des bouquets de fleurs dans toutes les pièces, y compris dans ma salle de bains 1900 patinée de rose.

Dans les replis du canapé de cuir blanc, je trouve un bracelet enfoui avec un cœur en breloque...

Je ne demande rien. Je ne parle de rien. Comme beaucoup d'hommes, Jean aime la pureté, la mienne, ou bien les filles faciles.

Je jette dans le vide-ordures le cœur avec la chaîne.

Après tout, moi aussi je l'ai trompé...

En retenant mes larmes amères dans la cuisine, au-dessus du trou malodorant, je me souviens du jour où, au-dessus du trou béant d'un autre vide-ordures, Jean avait fait d'une boîte de pain azyme un tombeau en carton pour le corps du moineau que je venais d'assassiner.

D'autres larmes, pour une autre cause perdue.

Un petit piaf recueilli par mes soins sur le balcon de la rue de l'Assomption, nourri de mie de pain trempée dans du lait, comme l'avait indiqué le vétérinaire à la demande anxieuse de Jean. Apprivoisé, requinqué, le pioupiou rendit l'âme lorsque j'eus l'idée, en le voyant trembloter dans la cuisine, de le réchauffer dans la corbeille à maintenir le pain au chaud...

En rentrant d'une répétition, cela sentait le pain grillé, le bon toast de 4 heures... Hélas ! C'est mon moineau qui avait grillé comme un *muffin* dans le chauffe-pain, raide dans la cretonne rouge et blanche à carreaux. C'est moi qui l'avais trucidé en portant le thermostat sur 7.

Il est parfois des films nuls qui font basculer votre vie.

Frederic Forrest vient à Paris, je lui trouve un hôtel du côté de la rue Bonaparte.

Mon cœur bat lorsque je frappe à la porte de sa chambre. Je me suis déguisée en touriste vêtue d'un imperméable Burbury's et d'un chapeau de pluie assorti, avec bien sûr un plan de Paris à la main. Nous nous bécotons un peu devant les trésors égyptiens du musée du Louvre, histoire de prolonger le tournage, et l'on se promène main dans la main sur les quais.

– Fred ! Raconte-moi encore *The Rose*, avec Bette Midler[1]...

Il veut que je lui apprenne quelques mots de français.

1. Frederic Forrest interprétait le rôle du chauffeur de Bette Midler dans *The Rose*.

« Chéri ! Et cher Paris ! Bonjour, je t'adore ! »

À la fin de l'après-midi, après la visite de l'Arc de Triomphe et des Champs-Élysées, je prends l'accent yankee et lui me murmure :

– Je te l'aime you... oune peu... t'adore.

Le soir, Jean nous emmène dîner à L'Alcazar...

Ce dernier baisse les yeux derrière ses paupières lourdes de clown triste tandis que je tente d'animer la conversation en anglais sous les plumes et les strass des travestis pailletés.

Nul besoin de me donner ce mal, Frederic succombe au charme de Jean Yanne qui lui offre sa montre Rolex au dessert.

Émerveillé du spectacle mené par un Jean-Marie Rivière à la voix cassée qui dans les lumières bleues déshabille sa femme Catherine aux allures de Garbo, avocate le jour et strip-teaseuse la nuit, Frederic Forrest découvre le « *Paris by night* » au bras de Jean Yanne qui me raccompagne vite fait bien fait à la maison et finit la nuit en goguette avec mon acteur américain Chez Régine.

En repartant pour les *States*, désormais il restera « *unvailable* » pour moi au téléphone ! Jean a trouvé la manière de phagocyter un hypothétique adversaire. En le séduisant plus vite que moi, il lui a fait un croc-en-jambe de professionnel et l'a bouté hors de son chemin.

Touchée ! Exit, mon rêve américain !

À nous deux, Jean, le tournage de tes *Chinois à Paris !*

– 13 –

Les Chinois à Paris

D'après l'auteur du livre *Les Chinois arrivent* – son complice Robert Beauvais –, Jean va écrire une grande fresque burlesque et folle : *Les Chinois à Paris*.

Yanne a toujours eu le recul, il connaît la dérision de ce métier. C'est qu'il faut séduire avant de produire... ainsi a-t-il le culot de charmer le vieil industriel qu'est Marcel Dassault pour le convaincre de mettre des billes dans la production du film ! C'en est fait du patron de *Jours de France*, lui aussi succombe au charme de Yanne.

Tout comme dans *Les Trois Mousquetaires* de Mr Lester, la figuration est énorme. Les restaurants chinois se retrouvent déserts, en cet été 1974, puisque tous leurs serveurs et serveuses tournent dans le film de Yanne. Le moindre individu aux yeux bridés est aussitôt recruté par Cinéquanon et vêtu du costume maoïste.

C'est pour Jean et moi l'occasion rêvée de ressortir notre panoplie vestimentaire achetée chez Lotus Service, à Hong Kong !

À lui les chemises à col Mao, à moi les robes kimonos de soie chatoyante.

Les Galeries Lafayette sont investies par la production pour les besoins du tournage, le drapeau chinois flotte sur son dôme comme jadis le drapeau allemand sur l'hôtel Lutetia. Jean veut démontrer avec ce film qu'il y a plus de collaborateurs que de résistants en temps de guerre et d'occupation !

Au Trocadéro, des centaines de figurants, en pleine chaleur, dansent et applaudissent au tigre de papier qui ondule sous les tambours tandis que, un peu à l'écart, trois mères discrètes se racontent. La mienne, celle de Jean et celle de mon ami Jean-Pierre qui a fait les costumes du film. Sous un grand parasol blanc, assises sur une poutrelle du décor, elles vantent toutes trois les mérites de leurs enfants respectifs.

Une jolie femme en bleu me regarde. Dans ses yeux je lis tant de tristesse que je m'approche d'elle.

Elle fait partie de la figuration. Nous bavardons un peu, elle me raconte qu'elle vient de vivre cinq années au Maroc, qu'elle a des enfants à élever seule.

Avant de reprendre ma place dans le décor, sur une estrade – auprès de Jacques François et de Michel Serrault –, je lui laisse un numéro de téléphone griffonné sur un morceau de papier.

– Au cas où ! lui dis-je. Si vous avez des difficultés... Vous savez, madame, la roue tourne !

Je lui fais un signe de la main. L'expression grave de son visage fin, de ses yeux bleu turquoise magnifiques, brillants d'intelligence et de volonté, me poursuit.

Elle ne sait pas qui je suis. Elle m'a prise pour une figurante.

En interrogeant le chef de file chargé de la figuration, elle découvre que je suis comédienne.

Que je m'appelle Nicole Calfan.

Le numéro de téléphone que je lui ai laissé est celui de la maison.

Elle ignore qui je suis et que je vis avec Jean Yanne, le metteur en scène du film.

Elle, elle s'appelle Nelly Kafsky.

Bien plus tard, elle sera ma productrice sur une grande série de TF1, *Les Grandes Marées*, puis dans d'autres jolies aventures.

Ma dame en bleu ne m'a jamais oubliée. Depuis quelques années c'est elle qui fait appel à moi lorsqu'elle m'imagine dans un rôle qui me sied.

Le jour où, dans le bureau de sa maison de production de l'avenue Franklin-Roosevelt, elle me compta cette anecdote sensible que j'avais oubliée devant une tasse de thé, dans les bras l'une de l'autre on a fondu en larmes.

La roue tourne !

À cause de cette histoire d'occupation et de collabos... le voici mis sur la liste noire de la bande à Baader, Jean Yanne. Sa voiture est plastiquée (en fait ce n'est pas la nôtre, il y a eu confusion sur l'immatriculation !) et des murs sont souillés de graffitis, mais là aussi nos parias se trompent de bâtiment et barbouillent l'entrée d'un autre malheureux locataire !

Rue après rue, quelques miliciens chinois nous ont suivis dans une camionnette aux vitres fumées, aux glaces sans tain. Leur caméra en planque, ils filment ce que l'on filme ! On dirait l'arroseur arrosé et, sur les Champs-Élysées, Jean hilare frappe à leur portière puis se présente pour leur dire bonjour...

Bref, la sortie du film défrise, et en particulier l'un de ses principaux actionnaires, M. Marcel Dassault, qui s'inquiète du ton des dialogues, de leur esprit décapant et des dépassements outranciers de la production.

Malgré tout, à la une de son *Jours de France*, je pose en costume maoïste kaki avec casquette étoilée *Le Petit livre rouge* à la main !

En Allemagne, la projection du film est interdite et l'ambassadeur de Chine veut nous démolir le portrait !

*
**

Jean s'est remis à picoler et il m'oublie. En rentrant à la maison, dans le salon blanc feutré aux placards de laque chinoise moutarde, il se dit :

– Merde ! Où elle est, la puce ? Titi ? T'es là, Titi ?

Dans la chambre au plafond de saphir, aux voilages dégradés de bleu, le lit n'est pas défait.

– Tu es là, mon pupu ? Dis !

Seul dans la cuisine aérospatiale avec sa lampe Gallé en forme de tulipe suspendue au plafond, unique note de couleur au milieu de ce blanc immaculé, il poursuit :

– T'es pas là, la puce ?

Il ouvre les placards de notre dressing un à un. Les siens, spartiates, les miens tapissés de vieux rose et ourlés de cretonne sur les arêtes des étagères.

Mon parfum – toujours Calandre de Paco Rabanne – a imprégné mes robes et mes chemisiers, le sien – toujours Monsieur de Givenchy – s'exhale de toutes ses affaires.

Il reprend sa Mercedes bordeaux garée dans le parking de notre immeuble à Neuilly et fonce à Saint-Germain en roulant à tombeau ouvert.

Chez Castel, derrière le comptoir, la caissière a retiré ses chaussures.

Les maîtres d'hôtel enfilent leur jean frais et accrochent au vestiaire leurs habits de location.

Endormie sur la banquette de l'entrée, la joue marquée de sommeil par la rudesse du velours, je me redresse sur un coude lorsqu'il se penche vers moi :

– Titi ? On s'en fait un petit dernier, pour la route ?

Je suis comme les animaux : quand on me laisse, je m'endors. « Son Titi » n'a pas la notion du temps qui passe.

*
**

Il arrive aussi à Jean de boire des coups au Club 13, avenue Hoche, avec Rassam. À la projection d'*Andreï Roublev*, après un dîner copieusement arrosé à la table de Claude Lelouch, dès la fin du générique Jean dort déjà. Pour être à l'aise, il descend la fermeture Éclair de ses *boots*, puis desserre sa ceinture Gucci.

Le voici parti d'un ronflement sonore pendant toute la durée du film fleuve soviétique aussi long que la Neva !

Jean-Pierre Rassam, mort de rire, le secoue avec des larmes qui lui coulent sur les joues.

Jean-Pierre au profil d'aigle, à l'œil toujours aux aguets, pétillant d'intelligence, surexcité, pressé, en amont de tous les projets de Yanne, restera pour moi une énigme. À vrai dire, je crois bien que je n'ai jamais su m'en faire aimer. Ou bien c'est que, de nous deux, il n'aimait que Yanne.

– Deuxième partie –

Après toi

– 14 –

Je quitte ton être exquis

Me suis-je jamais pardonné le fait de t'avoir trompé ? « Si l'on trompe, ma Nicole, c'est donc que l'on n'aime plus ? » me scande – en une litanie sadique, ma petite voix intérieure.

De ton côté, tu n'as de cesse de me répéter :

– Je ne suis plus comme avant. Si on te met la main aux fesses, je ne saurai plus me battre. Chérie, c'est cuit !

Es-tu entré, Jean, dans une léthargie, ou une certaine amertume en vue de me laisser partir ?

As-tu calculé ton coup ? As-tu élaboré le projet que je te quitte, ou bien celui de te laisser quitter ?

Ta lassitude, ta morosité masquaient-elles le désir de me voir t'échapper ?

Certains de mes amis le pensent.

Tu aurais décroché l'hameçon pour que je vive, que je remonte le courant sans toi. Tu aurais entaillé les filets où tu me retenais prisonnière afin... de me laisser partir vers des eaux plus propices à ma liberté ?

Je ne saurais dire, je n'ai jamais su.

Tes coups de gueule, tes impatiences, ta tristesse m'enveloppent comme ceux d'un homme qui aimerait moins et n'oserait pas le dire.

À moins que ce ne soit le pressentiment de mon désaveu pour toi.

Au manège de notre amour, tu me sens désenchantée.

Je me rappelle cette promenade dans le bois de Boulogne, sous nos fenêtres, où le cœur lourd et ma première angoisse au ventre, frileuse, je te disais :

– Et qu'est-ce que je vais faire, maintenant que tu m'as fait quitter le Français ?

Les yeux baissés, tu marchais et les feuilles mortes collaient à nos pas.

C'étaient déjà les prémices du triomphe d'Adjani dans *Ondine* dirigée par Raymond Rouleau, mon cher Raymond qui avait obtenu les droits de cette pièce miraculeuse pour m'y m'être en scène à la Comédie-Française... Tout Paris ne parlait plus que d'elle.

– Tu vas tourner des films, ma puce !

– Oui ! Mais le théâtre, Jean... J'en suis malade, ce rôle d'*Ondine*, il était pour moi ! Dans *Les Trois Mousquetaires* tu as bien vu, à la projection, hier, ce qu'il reste de mes scènes...

– On te t'a rien coupé. C'est le film qu'ils ont

coupé en deux. Donc tu es... dans un peu... des deux ! Première partie on découvre Pupu, deuxième partie on l'apprécie !

– Très drôle ! Personne ne savait qu'il y aurait deux parties... C'est dégueulasse !

– Non, chérie, c'est du bizness !

Il se met à pleuvoir et les feuilles des platanes engluent nos semelles. Un corbeau chasse mon oiseau préféré en cavale ou en récréation, un pensionnaire du Jardin d'acclimatation aux plumes dégradées de bleu et au bec violine recourbé tel un ibis.

Je vois mon avenir en noir, comme le jardin où nous piétinons mes regrets.

Nous retirons nos chaussures avant de pénétrer dans notre appartement où tout est à sa place : le grand salon blanc, les placards laqués, les voilages soyeux, la chambre bleue, la chambre d'amis vide, la cuisine expérimentale.

Moi je suis ailleurs, nomade, déjà, dans mon cœur coupable.

Coupable de t'avoir trompé deux fois, coupable de t'avoir écouté en quittant la Comédie-Française dont je ne parviens pas à faire le deuil.

Pour les fêtes de Pâques, on s'envole vers Taroudant, à La Gazelle d'Or. Je te montre Agadir, où j'ai appris à faire du ski nautique avec mon frère, je te fais faire le tour du propriétaire du riad de mes amis Masquefa et, dans les souks, tu m'offres des djellabas et du khôl bleu et noir.

Tu es plus que jamais mon papa et il ne se passe plus rien entre nous. On fait comme si de rien n'était mais tu me murmures, au retour, dans la Caravelle :

– C'est embêtant ! Tu sais... si on ne s'empoigne pas dès le premier jour...

*
**

15 juin 1975, Neuilly, boulevard Maurice-Barrès, 6 heures du soir.

Je te trouve gros, je te trouve vieux.

Tu arroses les lauriers-sauce et les sapins nains sur la terrasse qui domine le bois. Ton ventre fait un repli au-dessus de ta ceinture Gucci dont la boucle en serpent se mord la queue. Tu as perdu tes cheveux qui grisonnent un max sur les pattes épaisses et les golfes de ton front. Ta main droite tient le tuyau d'arrosage, la gauche relève maladroitement tes cheveux épars sur ta tête moite. Il a chaud, il fait chaud.

J'ai sorti ma capeline de paille, celle qui me rend à croquer, alors que je le désespère.

J'ai mis ma robe marocaine, celle qu'il m'a offerte dans les souks de Taroudant où il me traitait telle une princesse à La Gazelle d'Or.

Sa princesse.
Que s'est-il passé ?
Que nous est-il arrivé ?
Cela s'est passé.
Cela nous est arrivé.
Il sait que je l'observe, il sait que je le dénigre.
Il ne moufte pas. Il continue à arroser.

Pour lui j'ai quitté mes parents et je suis entrée dans ma vie. Notre vie.

J'ai appris à connaître *Carmina Burana*, les dessins érotiques de Bellmer que tu m'as offerts à Drouot en courant les ventes avec Rassam. Pour moi tu es allé chercher ton harmonium à la cave. Pour moi tu t'es remis à peindre. Pour tes quarante ans je t'ai acheté une palette, des pinceaux, une grande boîte de peinture, des toiles vierges et un chevalet.

Ton insolence, ta culture et ta délicatesse m'ont faite... Avec ta différence. Avec toi, ma notion du bonheur s'est accentuée, je te dois tout, je te dois ce que je suis.

J'ai quitté mon bonheur tranquille, comme happée dans un virage où, en scooter, je me serais trop penchée, j'ai dérapé et pris un autre tournant.

Je me suis assez punie pour cela.

Me suis-je jamais pardonné le fait de t'avoir trompé ? J'étais si jeune... « Si l'on trompe, ma Nicole, c'est donc que l'on n'aime plus ? »

*
**

Ma mère, le cœur serré, me regarde entasser dans mon Austin quelques bagages de chez Goyard.

– Tu es sûre de toi, ma chérie ? Tu n'es pas en train de faire une bêtise ?

Je ne réponds rien, je suis en train de fuir.

C'est elle qui m'a aidée dans la visite de plusieurs appartements et m'a conseillée prudemment.

– Tu es sûre ? Cet appartement-ci ?

– Oui, maman !

Papa, qui n'a jamais cherché à comprendre les sentiments de sa fille, a dit d'accord.

Jean me lance :

– La porte est ouverte, ma petite fille ! Tu veux t'envoler ? Vole, envole-toi ! Ne sois pas surprise, je ne serai pas là lorsque tu déménageras, je vais aller passer une ou deux nuits à l'hôtel...

Mamadou a pris congé, la maison est vide. Sur les étagères, dans mes placards tapissés de toile rose gansée de cretonne blanche, il ne reste rien que quelques graines émiettées, feuilles séchées échappées des sacs de lavande que je disposais dans notre linge.

La moquette épaisse prend l'empreinte de mes pas pour la dernière fois. Un nouvel oiseau exotique se hasarde sur le balcon, un barrissement d'éléphant en provenance du Jardin d'acclimatation l'affole.

Ma mère m'attend en bas, dans sa Lancia rouge.

Je vole, je m'envole... vers mon enfer de solitude sans lui.

J'ai vingt-huit ans. J'ai quitté mon « papa ». J'ai quitté mon Chaplin. C'était moi, son Oona.

Birkin avec Gainsbourg, Caroline Cellier avec Jean Poiret, Jean avec moi.

C'est lui qui m'a faite, c'est lui qui m'a défaite lorsque je l'ai quitté.

Trop vite ? Trop tôt ? Pour personne ! Pour rien ! Pour voir !

Je chantonne cette comptine en m'installant dans le nouvel appartement que papa et maman m'ont aidée à acheter.

Me voici propriétaire et je chante sur l'air de ma liberté retrouvée mon *Independance Day*, ce matin du 4 juillet 1975 où j'ai fait ma valise pour le 62, boulevard Flandrin, Paris XVIe. À dix numéros seulement de mon ancien deux-pièces sur cour où Jean, le soir de Noël... mais non, je ne dois pas penser à cela ! Voyons, où vais-je mettre cette table de bureau ? Et le papier peint ? Ne vaudrait-il pas mieux que je le change ? Ah, il est bientôt 5 heures, mes copines vont arriver pour le thé. C'est génial, qu'est-ce qu'on va bien s'amuser !

Elle est super, cette cuisine ! Je crois bien que je vais m'acheter un chien. Un petit york. Et si j'appelais Jean ?

– Salut les filles ! *Welcome*, venez voir mon nouvel appartement !

***

Ce que c'est gai, d'avoir déménagé ! Ce que c'est chouette, la solitude, se lever quand on le veut, se coucher à plus d'heure... Et puis surtout il y a les conversations au téléphone, la nuit, avec les copines auxquelles je remonte le moral parce qu'elles se sentent seules. Les pauvres !

Sur la moquette couleur ficelle, il y a des traces de meubles déplacés. je n'en finis pas de déplacer les choses.

Sur les murs blancs, de vagues dessins exécutés par mes soins sur papier Canson ressemblent à des dessins d'enfant sans perspectives.

J'ai vendu aux enchères, à Drouot, mes dessins de Bellmer où, entremêlées de barbelés, les poupées cassées prenaient des pauses alanguies. J'ai donné des tableaux que tu m'avais offerts. Je veux vivre sans toi.

Les hauts glaïeuls penchés, les nouveaux verres dans le placard de la cuisine, deux nouveaux cendriers avec quatre nouveaux cadres témoignent tristement de la fin de ma pendaison de crémaillère... Les roses rouges de Dirk Bogard se fanent dans un vase trop petit pour elles.

Comme c'était réussi... C'était déjà... mais oui, déjà dix jours que je suis installée boulevard Flandrin...

Et où il est, papa ? Où il est, mon Jean ?

JE QUITTE TON ÊTRE EXQUIS

Au lieu de deux nuits, tu as passé deux semaines à l'hôtel.

Je descends à la cave en chaussons, avec une lampe de poche, regarder l'album de nos photographies.

Je ne remonte pas les albums.

– 15 –

Huis clos et déconfiture

Sur les balcons fleuris de géraniums roses grimpants, aux croisillons de bois laqués par mon Jean-Pierre et par ma Nathalie, je projette des rêves de midinette sur lesquels je m'assieds.

Et où il est, mon Jean ?

Je pars pour Olivia, la maison de mes parents à Cap-Martin.

Les salviats sur la pelouse disent « Bienvenue M. Calfan » avec leurs pétales de toutes les couleurs qui se rallient aux lettres de l'alphabet.

Je lézarde au soleil, je relis tout Isaac Singer, je bronze.

Et il est où, mon Jean ?

Dans ma chambre de petite fille aux barreaux laqués de blanc à la coloniale, Jean, je le cherche d'un lit à l'autre. Lorsque j'entrebâille la porte de mon placard, la lumière s'allume et je me vois en pied dans le miroir.

Où est-il, mon Jean ?

Pour qui est-il, ce corps de brugnon caramélisé à la taille mannequin 36 ? Ces cheveux qu'il voulait si longs que je me suis fait la tête de cette *Ondine* de Giraudoux que je ne jouerai plus jamais ?

Et ces yeux bleu des mers du Sud, comme il les appelait ?

Et ce minuscule triangle pâle entre mes cuisses, sur mon corps de nymphette uniformément doré comme un pain qui sortirait du four ?

Olga Horstig, mon agent de l'époque, m'appelle au sujet de la postsynchronisation du film grec *The Navel*. Il me faut impérativement gagner Athènes. Un billet d'avion m'attend à Nice, au comptoir des Olympic Airways.

– Allô, Jean ? Tu crois qu'il faut que j'y aille ? L'équipe est partie !

– Tu vis ta vie, maintenant, tu es une grande fille...

– Oui, mais tu crois que je devrais y aller ? Je ne le sens pas, ce voyage... et puis ce film, il ne sortira jamais en France...

– Je pars pour Saint-Tropez. Je vais chez Gobbi. Je suis déjà en retard. Au revoir !

Je quitte à regrets la table familiale, la piscine azurée et les oliviers d'Olivia, l'avenue des Oliviers et le domaine du hameau.

Nice-Athènes. Ou le début de ma déconfiture.

À Athènes il fait une chaleur accablante mais je n'ai pas le temps de respirer l'air goudronné et surchauffé de l'aéroport que le producteur grec du film grec me fait déjà signe en bas sur l'aire de stationnement.

Il me fait monter – sur la piste même – dans sa grande limousine noire, il me prend mon passeport des mains et me dit :

– Avec moi, pas de problème de douane ! C'est bon, la climatisation ? Non ?

Il s'éponge le front, il pose une main moite sur mon bras dénudé.

– Où est le metteur en scène, monsieur Gorgiades ?

– À Salonique !

– Et les acteurs ?

– En tournée !

– Et Lakis Komninos ?

Le voici qui se fend la poire et lance en l'air son komboloï en argent que je manque de recevoir dans l'œil, à l'arrière de la limousine avec chauffeur à mine boutonneuse et patibulaire ; ce dernier me mate dans le rétroviseur où un autre komboloï, de plastique vert celui-ci, joue la valse du pendu.

Il me fait déposer devant l'hôtel Hilton, le producteur aux yeux cernés, aux ailes du nez grasses.

À la réception, il sort mon passeport de la poche droite de sa veste en lin beige puis, les formalités faites, le rempoche sous mes yeux médusés.

– Mon passeport !

– Il y a beaucoup de vols de passeports, alors je le mets chez moi dans mon coffre. Je te le rends ce soir, à la projection du film. Rendez-vous à 8 heures, en bas. OK ? dit le producteur, une main sur son estomac qui enfle un peu sous la chemise où manque un bouton.

Il tourne les talons. Il porte les mêmes *boots* que Jean mais sa veste de lin ressemble à une serpillière.

Une suite m'attend au dixième étage.

Sur un bureau repose une corbeille de camélias aux senteurs délicates.

À 20 heures je suis en bas de l'hôtel, baignée, changée, parfumée, à la fois impatiente et angoissée d'assister à la projection du film. Je porte un jean blanc, des tennis et un tee-shirt noir à manches longues.

La limousine rôde lentement, tel un requin, devant le Hilton. Je m'engouffre dans la porte à tambour de l'hôtel et fais signe au chauffeur à la peau vérolée.

Dans une petite rue penchée, dans le quartier du port, le chauffeur s'arrête pour m'ouvrir la portière. Un camélia à la boutonnière, avec la même chemise au bouton décousu et la même veste serpillière, le producteur grec aux yeux de braise m'attend sous une porte cochère.

Nous montons un escalier de bois modeste et sale. Sur un palier je lis : « Cinéma. »

– Où sont les autres ?

– C'est une projection privée !

Dans un renfoncement faiblement éclairé, un projectionniste s'affaire. La salle est minuscule, avec des chaises en bois alignées de guingois devant un écran minuscule. Un ventilateur grince en vain ; la chaleur est effrayante, moite et renfermée.

À peine suis-je assise que le noir se fait.

Le producteur me fait un signe de la main et s'éclipse à ma grande surprise vers la sortie.

« Pour être privé, c'est rudement privé – je me dis – vu que je suis la seule spectatrice ! »

The Navel (« le nombril » en anglais) s'avère être un navet encore bien pire que je ne me l'imaginais. Une histoire d'espionnage à laquelle je ne comprends que dalle.

Certains acteurs parlent grec, d'autres turc, d'autres anglais. Je frissonne, prisonnière de ma bêtise idiote, naïve et conne que je suis.

Et il est où, mon Jean ?

Et Anne Lönnberg, ma compagne de jeux, et les autres acteurs ?

Et Vassili Gorgiades, l'adorable metteur en scène bonhomme et affable ? On dirait qu'ils ont tous été pris en otages ou sont partis sous les drapeaux, enrôlés de force dans une nouvelle guerre civile.

Les généraux doivent certainement les retenir enchaînés dans un cachot sur une île, pour qu'ils ne soient pas venus à ma rencontre... Tout me semble absurde, dérisoire, désenchanté et décalé. Je n'ai même pas peur du complot, je le trouve minable.

Dans la salle surchauffée, un plafonnier de lumières au néon jaillit soudain, hésite puis se stabilise. Le producteur de pacotille soudainement réapparu se plante devant moi, me fait signe de me lever, m'entraîne vers la sortie avant la fin du film.

À Plaxa, les feuilles de vigne et les dolma n'ont plus le même goût, la chanteuse Marinella s'est tue.

S'enivrant à l'ouzo il abat enfin ses cartes, le sale producteur.

– Je t'ai fait venir parce ce que je sais qu'avec Yanne vous êtes séparés. Il n'a pas voulu venir, lui, hein ? Je te propose une suite à l'année au Crillon où je pourrai te rejoindre à Paris une fois par mois et vingt mille francs à chaque fois. Ma femme n'en saura rien. Je l'aime, ma femme, et mes trois enfants aussi, mais tu comprends ma femme c'est ma femme, la pauvre... C'est ma production d'huile d'olive qu'elle connaît, à celle du cinéma elle ne connaît rien.

Soudain je me souviens de cette pauvre femme rieuse et potelée dans sa robe noire de lainage en plein été dont la combinaison gris pâle dépassait légèrement.

Je me rappelle sa tignasse brune indisciplinée, son accent ensoleillé, ses mollets un peu forts, ses pieds gonflés dans des escarpins de ville en plein mois d'août. Sûrement qu'elle voulait faire honneur à son mari qui lui avait permis de venir, une seule et unique fois à la fin d'une journée de tournage, au Pirée, pour voir des acteurs en vrai.

Je le regarde, son producteur de mari, et j'ai envie de vomir. Ou de rire, ou de le gifler, ou de mourir de honte. Le pauvre... je me dis !

Ma main qu'il a tenté de saisir sur la table s'envole comme un oiseau bengali. J'ai envie de hurler...

Je ne fais rien de tout cela comme à mon habitude. Je sais que je suis toujours en réaction après les événements. J'ai appris à me connaître : je suis une rétroactive...

Je me lève tranquillement. Je n'ai qu'une idée en tête, celle de récupérer mon passeport. De vite rentrer me mettre à l'abri à Olivia, avenue des Oliviers, domaine du Hameau, à Cap-Martin, avec mon bikini topless turquoise de chez Érès à l'ombre du massif de salviats de toutes les couleurs qui déclinent « Bienvenue M. Calfan » en tordant leurs doux pétales.

– Je vais parler de tout cela à mon agent.

– Quel agent ?

– Olga Horstig est un très grand agent et ce que tu me proposes est un très grand contrat, n'est-ce pas ?

Ses lèvres ont blanchi.

– Ta femme n'en saura rien, d'accord ? Olga mettra tout en ordre sur le papier. Tu n'auras qu'à signer. D'ailleurs, je vais l'appeler tout de suite. Tu me raccompagnes ?

Son komboloï tournoie sous son nez pincé. Ses yeux noirs jettent des éclairs fulminants, et le voilà qui transpire de plus belle.

Il crache par terre entre deux tables. Je suis déjà debout.

Olga Horstig l'a appelé chez lui, cette même soirée, et comme par enchantement l'affaire s'est réglée toute seule.

Olga en a vu d'autres... certaines de ses comédiennes ont déjà été confrontées à des engagements pathétiques de ce genre...

Comme par miracle, dès le lendemain matin, mon passeport réapparaît sur le plateau de mon petit déjeuner continental entre les brioches au sucre et les croissants.

– Allô, Jean ? C'est moi !

Et de lui raconter ma mésaventure...

Après un silence de plomb, il raccroche en me disant :

– Que veux-tu que je te dises ? Tu as voulu partir, ma petite fille...

*
**

Alain Sarde se met à me téléphoner, ainsi que d'autres amis de Yanne, pour la bonne ou pour la mauvaise cause.

Presque tous se manifestent davantage par curiosité que par sollicitude. Et puis la place est libre...

Je n'en veux à personne.

Ma cote, Jean, c'était toi.

Norbert Saada me console comme un grand frère de ma trop grande solitude – lors d'une cure à la thalassothérapie de Quiberon – en m'achetant (alors que je pratique pour faire encore un peu plus pitié le régime « *diet* » de Louison Bobet) des caramels au beurre salé dans un paquet enrubanné qu'il place le soir devant la porte de ma chambre d'hôtel.

C'est lui qui me dit :

– Remets le compteur à zéro !

Il sent bien le gâchis de tout cela... Il nous aimait beaucoup ensemble, Jean Yanne et moi. Au bar de la thalasso, je lis à la tombée de la nuit – à Gérard Lanvin qui partage la suite de Saada – les premières pages de mon premier roman qui n'a pas encore de titre. Je me répands comme une inondation, J'assomme tout le monde.

Devant la haute cheminée, je prends le ton des larmes et du désespoir. Je suis fatigante avec mon malheur, une vraie croix. Une plaie d'Égypte, je vous dis ! Comme on m'aime bien, on me supporte.

Norbert Saada et Gérard Lanvin préparent le tournage du *Prix du danger*, réalisé par Yves Boisset. J'envie leur complicité, leurs fous rires, leur suite partagée. Qu'est-ce que je ne donnerais pas pour dormir par terre dans leur chambre, à l'abri de ma peur !

Gérard Lanvin, mon camarade d'enfance, me trouble et me rend jalouse avec la Véronique Jeannot qu'il vient d'avoir pour partenaire dans *Tir groupé*, un film de Jean-Claude Missiaen. Avec moi, il se montre patient et très doux. Et puis nos parents respectifs se sont toujours fréquentés... Je dois certainement lui faire de la peine, avec tout ce cafard à surmonter.

Sur la plage où l'on se promène en admirant des chevaux au galop, à la tombée du jour, pour attirer son attention je me la joue à la Véronique Jeannot : je porte des petites lunettes cerclées comme elle dans le film et un gros blouson Levi's doublé de mouton, pâle imitation de celui de Gérard. Moi, la petite fille du Champ-de-Mars, la poupée de la tour Eiffel, je n'ai jamais l'air d'avoir chiné quoi que ce soit aux Puces de Vanves ! Gérard me regarde avec compassion, je suis ridicule.

Je ne sais plus que vivre par procuration. C'est ma période pot de colle.

Sans Jean, j'ai perdu mes repères et mon identité.

Loin de lui, tous les hommes me font peur.

C'est ma période nulle. Norbert Saada a raison, il serait temps de remettre mon compteur à zéro et de sortir de mon huis clos de déconfiture.

Je laisse un mot à Norbert avant de boucler mes bagages :

– Je suis trop mal, je rentre à Paris. Merci pour tout. Embrasse Gérard !

Je m'enfuis au cours d'une nuit – gavée de caramels, d'angoisse et de mal de vivre – pour la gare d'Auray. Direction Paris-Montparnasse – tout le monde descend.

J'ai quitté l'hôtel de Quiberon à la cloche de bois. Mme Bobet me remet la main dessus à Paris dès le lendemain, au téléphone, pour régler une note aussi salée que les caramels de Norbert.

Je m'achète un chien. Un yorkshire.

– T'inquiète, on l'appellera « Loulou ». On va lui donner un nom de chien de concierge, cela le rendra plus sympathique, me dit ma Mireille Darc.

Mon nouveau compagnon dresse ses oreilles et monte la garde devant la porte de ma nouvelle chambre tapissée de shantung de soie blanche.

Sinon je retrouve Loulou au fond de mes placards à chaussures qu'il vénère, ou bien sur la table basse de chez Knoll où il aime à grignoter une fougère dont le goût amer le fait vomir sur la moquette immaculée.

Il montre les dents pour un oui ou pour un non, chope les plus gros chiens qu'il a le malheur de croiser boulevard Flandrin et plante ses crocs dans les pantalons d'uniforme. Les flics, les postiers et les éboueurs ne trouvent aucune grâce à ses yeux. Loulou se révèle être une terreur. Je l'adore.

Au cours d'un dîner à la Coupole où Loulou sur mes genoux grignote la nappe de papier gaufrée, Marcel Jullian me dit que le désespoir me va bien, qu'il me donne une nouvelle dimension. Je m'en serais bien passée, de ce compliment-ci, mais Marcel qui m'a connue en jupe écossaise et en chaussettes trouve sans doute que ma nouvelle tenue si stricte (je suis tout de noir vêtue) me va si bien... Il m'encourage à écrire. Il croit en moi.

Le copain du lycée Janson-de-Sailly de mon frère, Jacques Attali, également.

Quant à Patrick Besson, un soir, en sortant d'un cinéma sur les Champs-Élysées, il me regarde, lâche ma main et décide que lui et moi nous n'allons pas ensemble.

– Tu es une folle enfant !

Il vient de trouver le titre de mon premier roman.

J'accepte de le prendre comme colocataire avec sa nouvelle petite amie qui veut devenir institutrice, car je ferais n'importe quoi pour ne plus être seule.

Fabrice Luchini vient cirer ses Weston à la maison.

Gilbert Bécaud me joue des ballades au téléphone, Joe Dassin me fait écouter *Les Orages de Tahiti* sur mon répondeur.

Olivier de Kersauson me conte une traversée de l'Atlantique.

J'aurais bien aimé les séquestrer, les menotter au radiateur pour qu'ils restent un peu plus longtemps à me tenir compagnie, toutes ces bonnes pommes qui ont osé s'aventurer chez moi et que je voulais vampiriser par manque d'amour.

Mais la gymnastique des coucheries n'a jamais eu pour moi la saveur des morceaux choisis ; de plus, soit Loulou s'en prenait à leurs mollets, soit mon trop-plein de solitude et mon passé avec Jean Yanne me rattrapait et les faisait fuir, mes gentils coucheurs...

Seules Mireille, Marie-Christine, Françoise, Nathalie, Florence... mes complices aux séances de tarot de Marseille savaient veiller sur moi, m'écouter, me consoler ou me distraire du malheur que je me faisais vingt-quatre heures sur vingt-quatre !

Mireille m'a dit :

– Arrête de lire, ce soir on sort.

D'accord ! Je sors.

Mais je rentre toujours seule, les hommes me terrorisent.

Tard dans la nuit, ensemble, nous les filles, on a fumé des cigarettes légères, on a allumé des bougies et vidé des boîtes de Traoumad tandis que s'élançait mon pendule – cadeau de Gérard Lanvin – qui disait toujours non de la tête, comme la poupée de Polnareff.

Peu à peu, le boulevard Flandrin prend forme et trouve sa véritable fonction : il devient l'appartement des femmes !

– 16 –

L'appartement des femmes

– Pfff ! Raté !

Paulette, ma femme de ménage, lance tous les matins à 11 heures précises, tel un Frisbee, sa nouvelle perruque bouclée sur le perroquet en bois de l'entrée. Tous les matins elle vise mal et manque sa cible.

Après qu'elle a sorti mon Loulou – qui s'accroupit comme une fille dans les allées du bois de Boulogne –, après qu'elle lui a préparé sa pâtée de boîte de régime sur laquelle, cette fois-ci, il lève la patte de mécontentement, Loulou attend sagement que Paulette sorte en douce (de la poche de son manteau) une poignée de spaghettis à la bolognaise qu'elle a cuisinées chez elle, exprès pour lui, la veille.

Après Loulou vient mon tour.

Paulette ouvre la porte d'un pied, dépose le plateau au thé fumant sur le rebord de mon lit.

Chaussée de charentaises rouge et bleu, la voici qui me pique encore une paire de boules Quiès dans ma salle de bains. C'est l'heure du passage de l'aspirateur, qu'elle trouve beaucoup trop bruyant à son goût.

Puis elle entonne comme une sourde, en chantant haut et fort, le répertoire des Beatles qu'elle connaît par cœur.

– *I want to hold your hand !... Haaaand !* Si c'est pas malheureux, une belle jeune femme comme vous ! Il y a bien trop longtemps qu'il n'y a pas eu de visiteur chez vous ! Faites-vous violence, que diable ! Allez boire un petit Martini en terrasse ! Ou bien une coupette à l'Orée du Bois, ou à la Cascade ? Vous ferez bien connaissance !

Paulette n'a jamais découvert ma planque à accessoires masculins au fond du placard. Elle a toujours cru, ou bien elle a fort bien fait semblant de croire, que de temps à autre je recevais un visiteur dans la chambre blanche tapissée de shantung aux rideaux tirés.

Elle ignore, Paulette, que j'ai bien tenté d'en amadouer, des hommes, mais qu'ils ont pris leurs jambes à leur cou en s'écriant :

– Putain, ça craint ! Il rejette les mecs, c't appart' !

*
**

Tu te souviens, dis, de la seule fois où tu m'as rendu visite, mon Jean, dans cet appartement ?

On sonne à la porte. À mon réveil il est plus de 2 heures du matin. On insiste. Que se passe-t-il ? Je dormais si bien...

Je décide seulement d'aller voir lorsque l'on se met à frapper du plat de la main sur ma porte blindée. À travers l'œilleton je te vois, je t'ouvre, tu fonces dans la chambre que tu ne connais pas, guidé par la lumière blafarde de la lampe sur ma table de nuit.

– Qu'est-ce que tu as pris ? Combien de somnifères ?

– Mais je n'ai rien pris, Jean ! Je n'ai rien fait, je dormais.

– Alors c'est l'autre ! dis-tu.

Tu te passes la main dans les cheveux. Tes poils bruns de nounours dépassent de ta chemise rose entrouverte que tu n'as pas dû avoir le temps de boutonner à la bonne hauteur. Tes manchettes pendent sans leurs boutons. Tu es pieds nus dans tes mocassins. Tu as dû faire vite pour t'habiller et sortir de ton lit en quatrième vitesse, comme tu m'as sorti du mien.

– Tu permets que je téléphone ?

Je te regarde, abasourdie. Loulou que tu ne connais pas n'a pas aboyé, n'a pas bougé, il t'ignore ou bien il pense que tu fais partie du décor. Il ne s'est pas attaqué à tes mollets, il n'a pas montré les dents, il se laisse même caresser, l'oreille basse.

– Alors c'est l'autre... répètes-tu. Allô ? Oui, alors c'est toi qui as fait des bêtises... J'arrive !

Assis sur l'un des baffles de ma stéréo, tu repasses ta main dans tes cheveux, l'air si las.

Je me hasarde à te dire :

– Tu sais ce que m'a dit Gérard Sire, cet après-midi ?

Tu me fixes de tes yeux bruns de cocker.

– Il m'a dit qu'entre nous deux, c'était inextricable !

Tu me souris, morose. Tu te relèves. C'est la dernière fois, la der des der, que je te verrai en tête à tête.

Déjà tu es reparti vers l'autre suicidée.

Le lendemain, en fin de matinée, je n'y résiste pas : je t'appelle.

Paulette entame dans le salon le refrain de *I Want to Hold your Hand*. Ensuite viendra *Yellow Submarine...*

– Allô ? C'est Nicole.

– Oui ?

– Nicole Calfan.

– Oui ! Jean n'est pas là, me répond une voix boudeuse mais énergique. Jean est parti à un rendez vous à 10 heures, il sera à son bureau à midi, ensuite il a un déjeuner important et il sera de retour à son bureau à 15 heures, enfin aux environs de 19 heures-19 h 30 il sera à la maison d'où nous ne bougerons pas de toute la soirée... j'ai un message à lui faire ?

« Ma petite fille, me dis-je en raccrochant, tu as perdu l'affaire ; cette fille-là, c'est une pro ! »

*
**

Le compte rendu de ton emploi du temps fait par ta nouvelle fiancée, précise et tranchante comme la lame d'un coupe-chou, me saigne et me vide par la carotide.

« Nous serons là, nous ne bougerons pas. »

Elle ne croyait pas si bien dire, puisque de notre séparation à ta disparition elle sera là et tu ne bougeras pas vraiment.

À Mimi Coutelier tu donnes un surnom, celui de ta mère. Tu lui donnes aussi mes adresses, celle de mon coiffeur, de mon fourreur, de mon élevage de yorkshires.

Mimi s'appelle Mme Yanne au bout d'une semaine...

Chez mon coiffeur, chez mon fourreur, chez l'éleveuse de yorkshires, la nouvelle Mme Yanne fait des ravages.

Ne t'avais-je pas mis dans les bras mon premier petit chien, ma jolie Penny au pedigree infaillible – cadeau de mes parents pour mon entrée au Conservatoire – dont j'avais dû me défaire auprès d'eux tant elle aboyait dans ma loge à la Comédie-Française, dès que je montais sur scène ? Des coulisses, sa voix pointue de roquet résonnait à tous les étages, de Talma à Mars en passant par Rachel...

Pendant le tournage de *Moi y'en a vouloir des sous* tu l'as mise à l'abri de la froidure dans le col de fourrure de ton manteau lainé.

Te voici propriétaire d'un chien à ton tour. C'est moi qui t'ai fait aimer les yorkshires... Pas vrai, Jean ?

Allez, avoue !

La voilà parée de mille qualités que je n'avais pas. Tu lui construis un passé, à Mimi Coutelier, une existence, une identité. Ta nouvelle muse installe ses affaires dans mes placards tapissés de rose pâle et chausse nos patins telle une virtuose.

Et puis avant tout, et non après tout, n'était-ce pas moi qui t'avais quitté ?

Mimi Coutelier a été le cyclone et le raz de marée de mon existence ; de nous deux, elle a été la plus forte.

Vingt-cinq ans de vie à tes côtés pour le pire ou pour le meilleur, je n'ai qu'à m'incliner. Je suis sincère.

*
**

Il faut que je sorte, que je quitte ta chambre mortuaire, notre dernière chambre. Je n'ai plus rien à faire devant toi.

Trop de choses sur le cœur.

Et puis ta première faute de goût est bien celle de ta mort.

Ta mort me scandalise dans sa banalité vulgaire.

Dans le taxi qui nous ramène à Paris, Ginette Garcin, la sœur de ton ex-épouse Jacqueline et moi-même, nous restons silencieuses comme nous le sommes restées presque tout le temps devant ton corps ramassé.

On t'a aimé. On t'aime. On te pleure.

C'est Ginette qui va s'occuper des fleurs pour nous trois. Elle veut aussi s'occuper de ton petit garçon.

– Il faut faire quelque chose pour son fils ! Quel con ! lance Ginette sur la banquette de moleskine à l'arrière du taxi. Que va devenir cet enfant ? Jean a laissé tant de dettes !

Nous évoquons Gilles Durieux, son parrain brisé de chagrin, et sa marraine Joséphine Chaplin.

– Quel con ! répète Ginette en me broyant la main. Tu sais, je peux en parler devant sa propre sœur : en dehors de Jacqueline, il n'a aimé que toi !

La sœur en question me regarde avec tendresse. Elle en est d'accord.

– Mais quel con, ce Yanne, quel con ! reprend Ginette. Qu'est-ce qu'il nous fait, encore ? Les larmes et nos rires se mêlent sur la banquette arrière du taxi où je retiens la main de Ginette serrée dans la mienne.

– *Ou veux-tu que l'on te dépose, ma Nicole ? me demande Ginette.*

– *Auprès de la place Victor-Hugo, chez le coiffeur.*

Ma tête inclinée dans le bac ruisselle de shampooing qui sent bon la prairie. Pour tous les événements éprouvants de ma vie, je ressens le besoin fantaisiste ou mystique d'aller chez le coiffeur me faire laver la tête et me faire faire un brushing.

Et ce petit garçon... que va-t-il devenir ? Je crois bien qu'il a un demi-frère qui le chérit, Thomas, le fils de Sophie Garel... Seulement, Jean, où es-tu ? Que lui as-tu fait, à ton petit Jean-Christophe ? Il est encore si petit... Tandis que je m'interroge, ta voix calmante et joyeuse souffle à mes tympans. Je ne veux pas la perdre, ta voix, malgré l'absence. Je veux qu'elle se grave, qu'elle s'imprime, indélébile, sur les pores de ma peau comme un tatouage, ou bien qu'elle continue à flotter autour de moi, à fleur de vie.

*
**

À nous deux, mon passé. Avec toi, Jean, j'ai l'habitude !

Au jour le jour et nuit après nuit, j'ai couru les mains en avant après ton fantôme aux senteurs de Monsieur Givenchy.

J'en ai jeté, des regards vers les fenêtres du 33, Champs-Élysées, vers tes ex-bureaux de Cinéquanon ou vers notre ancienne maison du 100, boulevard Maurice-Barrès.

Tout a été prétexte à te faire flancher.

Même la mort de ma grand-mère polonaise, je te l'ai annoncée devant la porte de ton immeuble que je squattais comme une fan de Claude François.

Pour te reprendre, j'ai tout essayé et rien n'y fit. Ni la mort de ma grand-mère polonaise que tu aimais bien, ni ma pâleur, encore moins mon obstination.

Devant le trou béant de ton silence, je t'ai parlé à voix haute de longues nuits vides. Ou bien j'ai parlé de nous à qui voulait bien l'entendre. Mon yorkshire Loulou, le poil roux et doré, les oreilles dressées et la truffe humide, a été mon meilleur dévidoir, mon compagnon de solitude et de marasme, avec ses airs penchés de petit loup féroce qui n'aimait que moi.

Tout a été prétexte... une signature au Salon du livre où j'espérais te croiser, où je nous imaginais échanger nos livres respectifs d'un stand à l'autre...

Un spectacle à l'Olympia ou au Zénith, une première de théâtre, une émission de télévision sur le même plateau. La vie est bien faite. C'est bien fait ! Je n'avais pas à déranger l'ordre des dieux de l'univers...

Tu étais donc aussi mystique que moi ?

« Moi, je vivais dans un monde à part, plein de magie et de superstitions... » comme l'écrit Ève Ensler dans *Les Monologues du vagin*.

*
**

Un jour, j'ai eu rendez-vous à Chatou avec une voyante réputée, Yaguel Didier. Découragée par ton silence buté, j'avais très envie de me faire tirer les cartes. Découragée à son tour par le tirage négatif des tarots à mon égard, Yaguel Didier finit par me dire, devant autant de piques, de noir et de pendus :

– Vous en avez pour dix ans de solitude. C'est incroyable ! Ce vide qu'a laissé chez vous cet homme que vous avez malencontreusement quitté sur un coup de tête, vous allez le payer très cher. Vous avez quel âge ?

– Vingt-huit ans...

– Dix ans, je vous dis ! Vous en avez pour dix ans au moins !

– Et qu'est-ce que je fais, en attendant, madame Didier ?

– Prenez des vitamines !

*
**

À vingt-huit ans je me laisse grossir, sans doute à cause des fameuses vitamines conseillées par

Yaguel Didier, et je sacrifie mes cheveux d'Ondine mordorés.

Je crée *La Femme de paille* pour la retransmission d'un « Au théâtre ce soir », aux côtés de Louis Seigner et de Raymond Gérôme qui en signe également la mise en scène subtile. Adaptée au cinéma pour Sean Connery et Gina Lollobrigida, cette pièce de Catherine Arley reste l'un de mes plus chers souvenirs.

Toutes mes copines sont dans la salle, mes parents aussi, mon cœur bat... Jean viendra-t-il ? Je ne le saurai jamais, mais moi je joue pour lui.

C'est l'année où j'interprète avec Pierre Mondy – également metteur en scène – *Histoire de rire* de Salacrou pour la télévision. On répète au théâtre Édouard-VII pendant trois semaines puis l'on enregistre en trois jours cette divine comédie avec Bernard Giraudeau, André Dussolier, Marie-Hélène Breillat et Catherine Maurin.

C'est l'année où je tourne *Le Gang* de Jacques Deray, où Alain Delon ainsi que mon metteur en scène fétiche de *Borsalino* refont appel à moi. L'été 1976 – l'été d'une canicule – je dors à la belle étoile sur mon balcon du boulevard Flandrin avec une couette, un oreiller et Loulou lové contre moi.

Le bonheur d'avoir été choisie, la jubilation de retrouver mon protecteur Alain Delon et mon Jacques Deray attentif me font presque oublier mon désenchantement, et je m'endors quasi tranquille avec le dernier train de la petite ceinture, les joues quadrillées par l'ombre projetée depuis les croisillons du balcon du septième étage.

Le rôle de Marinette est magnifique ; dans cette amoureuse effacée et pure je donne tout ce que je suis, tout ce que je sais et, pendue au cou d'Alain, main dans la main avec Deray, avant chaque prise je reprends des forces et de la confiance.

Alain m'éblouit. Malgré certaines rumeurs, entre nous rien ne s'est jamais passé. En même temps je l'aime et l'aimerai toujours d'un amour platonique. Voilà tout.

« Sa mascotte », comme il me nomme, discrète et attentive, lui voue un amour infini empli de ces élans qui ne s'éteignent jamais, puisque avec lui c'est d'un cœur à cœur qu'il s'agit.

Sur ma carrière il veille, même de loin, puisqu'il est ma référence. Et comme je le lui ai écrit sur un bristol gravé d'une petite croix rouge, avant de le retrouver sur la série des Franck Riva : « Alain, c'est toi, ma Légion d'honneur ! »

À Douchy, Mireille Darc et lui m'invitent à passer le week-end du 15 août, en cet été torride de l'année 1976, l'un de ces week-ends mortels à traverser seule à Paris.

Je mets Loulou en pension chez Paulette, et en avant...

À peine arrivée chez mes hôtes, je pleure déjà ma solitude au bord du lac où se baignent Jado, le chien favori d'Alain, et une meute de malinois à laquelle Mireille a appris à recoudre elle-même les oreilles dans la cuisine en cas de bagarre entre dominants et dominés du même sexe.

Je sanglote une bonne partie de la nuit dans le parc lorsque Mireille, toujours très matinale, vient me surprendre dès potron-minet assise en boule devant le lac où, penchée, j'aperçois soudain son reflet derrière le mien.

– Colonne de droite, colonne de gauche ! me dit-elle en me tenant par les épaules. Tu n'as pas réfléchi. On ne quitte pas quelqu'un comme Jean à moins d'avoir une bonne raison. Je suis certaine que tu ne t'es même pas donné la peine de réfléchir la tête entre tes mains !

Sa dureté me fait mal mais sa franchise m'interpelle.

Depuis ce matin-là, dans la brume rasante au-dessus du lac de Douchy où s'ébrouait Jado, le malinois, j'ai eu envie de devenir son amie.

*
**

Ma nouvelle coupe au carré me donne des airs de Néfertiti. C'est la mode des « blaireaux » créés par Jean-Louis David qui font que ma tignasse épaisse se balance, raide comme la justice, avec une frange épaisse tout aussi raide sur le front.

À trente ans, désenchantée, dépérissante, j'ai retrouvé ma vraie couleur, ce qui me plaît infiniment puisque j'ai l'air encore plus triste en châtain auburn presque brune. Tous les soirs les ciseaux m'attirent, tous les soirs je me coupe un peu plus les cheveux.

C'est l'heure de mes premiers somnifères qui me donnent la mine défaite et la gueule de bois au réveil.

Paulette ne parvient plus à me réveiller ; jusqu'à 2 heures de l'après-midi, je dors sans jamais plus entendre mon Loulou aboyer : je dors. Mes matinées sont devenues des no man's land où je reste plongée en apnée dans un sommeil artificiel.

C'est l'époque de la sortie du *Gang* de Jacques Deray. Alain, Jacques et moi partons en trio pour la province et le lancement du film.

À Strasbourg, Alain salue debout – les bras écartés – du haut d'un balcon, tel un chef d'État adulé ; derrière lui je me fais toute petite, je n'ai rien d'une Evita Perón.

À Marseille c'est l'émeute et notre voiture est prise d'assaut.

Avant chaque projection, Alain s'assure lui-même que personne ne puisse avoir de prise sur moi dans la foule ; il vérifie que mes boutons sont bien cousus et prend soin de ceinturer bien serré mon imperméable ! Je l'adore !

– 17 –

Tous les chemins mènent à Rome

La série télévisée *Sam et Sally*, je la joue en faisant le tour du monde, les yeux ouverts mais le cœur fermé à double tour.

C'est avec bonheur que je retrouve mon ami le sociétaire Georges Descrières, avec délices que je roule à son côté, cheveux au vent – pour les besoins du film – dans notre Excalibur blanche.

Au cours de ce tournage qui nous emporte de Johannesburg à Caracas et du Cap à Milan en passant par la place du Tertre – à Montmartre –, pendant de longs mois des extérieurs sont également prévus à Rome.

Je m'installe avec mon Loulou au Hilton Cavalieri, sur les collines.

C'est à la même période que Jean-Louis Trintignant tourne *La Terrasse* d'Ettore Scola ; nous nous rencontrons en ville, il ne quitte pas des yeux sa petite Marie, sa fille.

Je propose à Jean-Louis et à Marie de venir se baigner au Hilton, loin de la chaleur de la cité, de passer une journée à l'ombre des pins parasols si le cœur leur en dit.

Un beau matin le cœur leur en dit. Alors je les accueille un dimanche de repos pour déjeuner au bord de la piscine de mon hôtel.

Marie est silencieuse, elle refuse de se nourrir.

– Depuis trois jours, elle ne mange pas ! dit Jean-Louis en caressant son épaisse chevelure auburn.

– J'ai la tête qui tourne, c'est délicieux, je jeûne ! Cela me rapproche un peu de Dieu, me murmure Marie en confidence.

En une semaine elle a perdu de ses joues, elle a grandi, elle est devenue une jeune fille... Elle est d'une beauté grave, sombre, à la fois pleine et retenue.

Après le déjeuner je l'entraîne dans le grand bain tandis que son père s'installe dans ma chambre pour regarder un match de tennis.

Dans son maillot de bain noir une pièce, elle ressemble à une danseuse, allongée à plat ventre sur l'herbe, les pieds croisés en hauteur, un livre de Paul Eluard à la main.

*
**

Mon amie Claire Vernet s'ennuie de son époux Jean Lanzi qui s'est envolé au Japon tourner un reportage pour TF1.

À Meudon, où ils vivent en amoureux, Claire s'étiole. Et comme je m'étiole aussi, je lui dis :

– Viens ! Viens me rejoindre à Rome !

Quel bonheur d'avoir sa visite sur mon tournage... Quel joie de lui réserver une chambre au Hilton et de l'attendre... L'amitié mènera toujours mon monde.

Dans le hall du Hilton, un samedi matin du mois de juillet 1982, je fais les cent pas, j'attends Claire, ma sociétaire de la Comédie-Française.

Et si j'allais faire un petit tour dans la galerie marchande toute fraîche avec Loulou, en attendant ?

Au moment de m'offrir un joli porte-monnaie souple façon noir marocain aux armes Gucci, coulissé d'une bandoulière torsadée de soie avec ses pompons assortis, mon cœur se serre à la vue d'une ceinture dans la vitrine.

J'avais offert exactement la même à Jean, au même endroit, quelques années plus tôt, tandis que lui m'avait fait la surprise de mon « N » de chez Gucci, mon initiale émaillée de bleu marine et accrochée au bout d'une chaîne en maillons d'or gris.

Dans la vitrine tapissée aux couleurs Gucci rouge et vert – empli d'animosité, accroché à son cuir fauve –, le serpent d'argent se mord la queue sur sa boucle d'argent ciselé et fixe jusqu'à l'hypnose le « N » aux émaux ternis qui pend à mon cou.

Ainsi, la chaleur accablante en ville n'était qu'un prétexte, il me fallait revenir une fois de plus sur les lieux du crime. Retourner au Hilton... sur nos pas perdus.

Loulou s'élance tête baissé, tire sur son collier Goyard assorti à mes bagages pour sortir de la galerie touristique.

Un taxi s'arrête devant l'hôtel, c'est celui de mon amie Claire.

On s'embrasse ou plutôt l'on s'étreint, fusionnelles.

Les deux jeunes filles que nous redevenons éclatent de rire ; tandis que l'une défait sa valise l'autre se penche, rêveuse, sur le balcon avec vue d'où s'échappe d'une jarre de terre cuite un géranium rouge qui a soif.

Dans le quartier de Trastevere on se la joue belle, Claire et moi, sous un parasol de jute blanc au pied de teck, attablées – dans nos jolies robes d'été aux épaules nues – à l'Antica Pesa, devant des spaghettis à la vongole et une bouteille de lambrusco qui pétille.

On rentre à l'hôtel un peu grises et grisées de la plazza Navone.

Soudain, sur le parking de l'hôtel, telle une tache

de sang cramoisie, au travers des phares de notre taxi surgit – dans le dernier tournant qui monte à l'hôtel Hilton – la Mercedes de Jean. D'une voix blanche, je m'écrie :

– Claire ! Claire ! C'est la voiture de Jean !

– Pas po-ssi-ble ! dis-tu de ta belle voix timbrée de sociétaire.

Dans ton intonation, il y a de la surprise mêlée à de la fatalité, comme chez Racine. Claire, qui fait partie de mes amies intimes, connaît mon histoire par cœur et a bien sûr fréquenté Jean. Elle est anéantie de stupeur.

On prend l'ascenseur, les jolies mains de Claire pianotent d'impatience sur la carte du room service punaisée sur l'une des parois de bois.

On monte dans la chambre de mon amie. Aussitôt, Claire, tu réfléchis à une stratégie. Tu élabores, ma Claire, un plan de bataille et de séduction. Bien évidemment.

– Allô ? La chambre de monsieur Yanne, je vous prie ?

– la 223 ? *Pronto*, je vous la passe ! dit le concierge.

Lorsque tu me tends le combiné, je reconnais la voix de mon Jean qui émet des « allô ! allô ? » couverts par les aboiements aigus d'un yorkshire.

Tu m'interroges du regard, j'opine du menton, c'est bien la chambre de Yanne.

Aussitôt, tu raccroches. Ton plan est prêt.

– Viens, on y va !

– Claire, Non !

– On y va, cela commence à bien faire !

Prudemment on reprend l'ascenseur pour le deuxième étage (nous nous sommes logées au cinquième), et cette fois tes jolies mains tapotent sur le menu du soir. *Minestrone, escalopino, funghi, parmesano, tutti frutti.*

Devant la chambre n° 223, le cœur me bat trop fort et je me fais l'effet d'une voleuse, celui du rat d'hôtel dans le film de Hitchcock.

Tu colles ton oreille à la porte, tu m'invites à faire de même.

J'entends des aboiements, le rire de Jean, une voix féminine.

Apparemment tu en sais suffisamment, car tu me tires par la manche.

Nous reprenons l'ascenseur et tu te ronges un ongle en matant la carte des vins.

À peine la porte de ta chambre refermée, tu me jettes :

– Ma Nicole, on va lui envoyer un magnum de champagne pour boire à notre santé ! Du bon et du cher, et du haut de gamme ! Écris un mot, va !

Je m'installe à ton bureau pour griffonner un message sur le papier à lettres aux armes du Cavalieri Hilton.

« À votre bonheur, à votre santé. Signé Nicole et Claire. »

– Non ! Toi toute seule ! C'est toi qui signes ! Recommence !

« À votre bonheur, Nicole. »

– Non, c'est trop vengeur ! Il faut que ce soit plus énigmatique !

– Claire tu as dû faire de la diplomatie, toi, dans une vie antérieure...

– J'adore cela. Chez moi c'est une seconde nature ! Écris : « Je bois de mon côté à votre bonheur. Affectueusement, Nicole. »

– C'est pas *too much* ?

– Il y a ce qu'il faut là-dedans, ma Nicole !

Et te voici qui me dissèques tout comme Trissotin le fait pour son sonnet, le « de mon côté » qui fait pitié et qui embarrasse, l'« affectueusement » qui rassure et se place au-dessus des événements ; l'« à votre bonheur » qui exprime que je ne suis pas dupe avec son point d'exclamation qui ponctue mon ironie ainsi que ma défaite.

Lorsque je vins t'applaudir dans *Philaminte*, quelques années plus tard, à la Comédie-Française, ma chère Claire, je ne pus m'empêcher de hurler des bravos pour ton interprétation exceptionnelle auprès de Trissotin...

Le magnum de champagne arrive dans notre chambre, je signe la note. Le défraiement de ma semaine s'envole avec.

Claire demande au garçon d'attendre, le temps de glisser mon mot dans une enveloppe qu'elle colle de sa langue toute rose.

– Il nous faudrait autre chose, dit-elle, autre chose avec notre poulet cacheté[1] !

Aussitôt, armée du couteau qui reposait dans la corbeille de fruits, je décapite – sur le balcon avec vue – la seule et unique tête du géranium occis par la canicule.

L'attente fut insupportable.

Le résultat de notre assaut effronté pitoyable.

Non seulement Jean nous renvoya le plateau avec le magnum de champagne, ma missive et ce pauvre géranium décati qui perdit ses pétales durant le va-et-vient entre les étages, mais bien plus terrible fut notre punition, car le magnum ne tenait pas dans le minibar !

Aussi, notre orgueil ne nous laissant pas le choix, nous le bûmes dans les flûtes de nos destinataires et, catastrophées devant le gâchis d'une aussi bonne cuvée, nous remplîmes nos verres à dents à ras bord et tous les cendriers ou réceptacles de la chambre pour ne pas perdre une seule goutte de ce champagne que nous nous crûmes obligées de boire un peu tous les jours...

Je ne reçus ni réponse écrite, ni coup de téléphone réprobateur ou amusé.

Le coup fut rude et le goût du champagne un peu vert.

1. Billet doux du temps de Molière.

– 18 –

Mornes Pâques

Hiver 1982.

Comme l'exigeait à l'époque Jean-Michel Rouzières, directeur du théâtre du Palais-Royal, je viens de signer pour la durée des représentations de *Joyeuses Pâques*, une comédie de et avec Jean Poiret.

J'ai fini par couper mes cheveux à la Jean Seberg. Je ressemble à un petit gars, je pèse quarante-cinq kilos.

Alors que toutes mes amies comédiennes m'envient de jouer dans *Joyeuses Pâques*, je meurs de trac à chaque représentation.

– Du rythme ! Du rythme, Nicole, nom de Dieu !

C'est lui qui devient le mien, de Dieu, Jean Poiret – simplement parce qu'il me fait penser à Yanne.

Même culture, même sens de la dérision, même formation pure et dure des cabarets. Même génie inventif.

De plus, ces deux « Jean » sont amis et ont chacun du respect et de l'admiration l'un pour l'autre.

Poiret et Caroline Cellier... Yanne et Nicole Calfan... Les deux couples ont un air de famille et de culture, la même différence d'âge, le même esprit, un peu le même profil.

Par une sorte de transfert aggravé par le trac, transplantée loin de la troupe de mes amis de la Comédie-Française (pourtant je n'ai eu qu'à traverser la rue), le théâtre du Palais-Royal me glace. C'est ma première expérience sur le boulevard, mon premier succès personnel.

Serait-ce à cause du lieu historique de ce théâtre, où le marchandage de la chair allait bon train sous la Révolution française ? Ou la faute aux arcades du Louvre, où s'affrontaient les nobles contre les hommes aux macarons bleu-blanc-rouge, de la même forme que celui exposé sur le pare-brise de mon Austin pour accéder au parking du Français ? Tout ce que je sais, c'est que j'ai toujours redouté la rue Montpensier et ses alentours, chargés de souvenirs macabres et ensanglantés...

J'ai comme à mon habitude tout mélangé, l'histoire avec l'historique de mon trac !

Malgré le succès – que dis-je : le triomphe de *Joyeuses Pâques*, je ne me suis jamais rendue dans ce théâtre sans avoir la rate et les tripes au court-bouillon, l'une des expressions favorites d'Odette Laure.

Dévorée d'angoisse, en panique avant d'entrer en scène, la vue de Caroline Cellier dans les coulisses me fait culpabiliser d'avoir quitté Jean Yanne et me rappelle à l'ordre... La blondeur de Caroline, son allure, son détachement apparent, l'amour de Jean Poiret pour elle sont inscrits en moi, et pour toujours. J'envie l'humour qui les lie, l'intelligence, la complicité, leur vie sociale, tout ce que j'ai tant aimé et perdu par ma faute.

Un soir, à l'Élysée-Matignon, qui est devenu depuis un magasin d'exposition Puiforcat, Caroline, radieuse et mince comme un fil, m'a murmuré :

– Ça y est, Nicole, c'est fait ; j'ai eu un enfant. Il s'appelle Nicolas ! Comme c'est triste pour toi et Jean que vous ne soyez plus ensemble... parce que Jean et moi c'était presque pareil que Jean et toi !

***

À partir de 5 heures de l'après-midi, je chavire de froid et de peur. Je ne réponds plus au téléphone, je ne lis plus un journal.

Poiret me fait payer Yanne.

Pendant plus de sept cents représentations, je souffre mille martyres et Poiret me harcèle, il veut la perfection. Il est bien tombée : moi aussi !

Pour le satisfaire, à chaque représentation je me dépense, sans compter les malheureux cinq cents francs qui vont sur mon compte en banque et les cinq cents grammes que je perds sur la balance.

Poiret m'apprend mon métier : « Du rythme, Nicole ! Du rythme, nom de Dieu ! »

Et quand il ajoute, juste avant le lever du rideau : « Ah, ma cocotte, on a soupé à l'Orangerie avec Yanne hier soir, j'ai bien pensé à toi... » au moment des trois coups je suis exsangue, j'ai peur que mon texte ne me manque.

Ils me terrorisent, les beaux, les moches, les petits, les gros, les tassés sur leurs fauteuils.

Les mal à l'aise, les mal assis sur leurs strapontins qui grincent.

Les voyeurs à la jumelle du premier rang, les mal élevés du samedi soir, les compassés du dimanche après-midi.

Au baisser de rideau final, me voici délivrée, débarrassée jusqu'au lendemain de Maria Pacôme et de Jean Poiret, mes deux monstres sacrés liés par le profit et par le triomphe de ces *Joyeuses Pâques* si mornes à mon cœur.

Ce soir, après le spectacle, je soupe à mon tour, à l'Orangerie, avec mon directeur de théâtre, Jean-Michel Rouzières.

Jean-Claude Brialy nous a réservé une jolie table

et, tandis que nous commandons, ce dernier me murmure à l'oreille :

– Je sais comment « elle » le tient, Jean : par la bouffe ! Je suis allé dîner chez eux la semaine dernière, boulevard Maurice-Barrès, c'était sublime !

Ma vue se brouille, je n'ai plus faim. Je fixe l'extraordinaire bouquet de fleurs sur le comptoir.

– C'est pour Romy ! dit Jean-Claude. La plus belle de toutes, ma Romy Schneider...

– 19 –

Petit grain de riz dans un monde de brutes

Ça sent le pipi de chat, le vomi, une vague odeur de médicaments. Cinq étages aux marches de bois fendillé, des marches rudes et hautes à monter sans se prendre les pieds dans les vieux chewing-gums qui collent. Et la rampe qui casse net au quatrième.

Sur les murs de plâtre cloqué, on lit « baise-moi », « *fuck you* », « y'a bon Banania ».

Au bout du couloir, sur ma gauche, c'est écrit à la craie : « C'est ici ! »

Je frappe doucement.

– Entre ! me dit-on.

Des paillasses de couleurs vives.

Une odeur de bouffe vous prend aux tripes.

Des anémones en plastique, rouges et mauves, des photos de Blacks, des photos partout.

Elle entre, s'appelle Stella.

– C'est dur, le ramadan, dit-elle drapée dans un

boubou ocre, créoles torsadées aux oreilles, savates brodées turquoise et or.

Comme j'ai acheté les mêmes à Paris – pas cher, je me sens soudain un peu plus rassurée.

– Attends, chérie ! dit-elle. J'allume le four et après je te fais les coquillages ! Mama va bien s'occuper de toi !

Et voici que je me reprends pour Scarlett O'Hara.

Les coquillages, sur le pouf avachi et taché, la mama les renifle, les sépare, puis les lance en l'air.

– Après je te fais le bain, si tu veux !

Je reluque, misérable, la douche crasseuse dans un coin de la pièce.

– Je suis un peu pressée. Une autre fois !

– C'est bloqué pour toi ! Ton jeu, il est sévèrement bloqué.

– Comment ?

– Si tu veux que ton homme te revienne...

– Oui ?

– Il va falloir faire un sacrifice ! Faut la retourner, la chance ! Alors, ma fille, tu vas acheter sept mètres de tissu, de la soie, et tu dors sept nuits dessus !

– Et après ?

– Après tu me le ramènes, le tissu ! Et ton homme il revient !

– Bien !

– Et puis tu vas acheter trois gros poulets bien gras avec le cou et la tête, tu me les ramènes aussi, les poulets !

Je donne les quatre cents francs alors que, pour le tissu, les poulets et la course, Stella ne m'avance rien pour faire son marché...

Je blague !

⁂

Au cœur d'une église, dans le quartier de Montparnasse, j'ai rendez-vous avec le père Jean-René.

L'une de mes copines a trouvé pour moi l'adresse de ce père exorciste qui fait des merveilles. C'est l'heure de la dernière chance !

Il faut que je sorte de l'infortune où je me suis installée toute seule, que je me sorte Jean de la tête et du cœur une bonne fois pour toutes. Moi qui ne me suis jamais interrogée sur ma propre foi, *Yiddish princess* que je suis, me voici devant une église...

– Petite mère ! Petite mère !

Quatre clochards couchés sur le bitume s'accrochent à mes basques.

Et il est où, mon Jean ?

J'ai dû me tromper d'immeuble. Un court instant ma mémoire figée sur le malheur m'a transportée place du Marché-Sainte-Catherine. Mais Jean, ce n'est ni ton quartier, ni ton immeuble, ni tes clochards.

Je frémis. Comment me rendre au bout de la cour sans me laisser assiéger par eux ? Comment atteindre le parvis de l'église sans voir leurs mains aux doigts maigres et sales tirer sur l'ourlet de mon kilt ?

Il fait un froid de gueux, c'est rien de le dire.

J'ai peur. Les mains s'agitent, misérables, les regards des infortunés me déshabillent. Est-ce le prix à payer ? L'épreuve à passer, le lot de mon désenvoûtement ?

Soudain, l'un des clochards bredouille une langue que je crois vaguement reconnaître – mais oui c'est bien du russe – et je me convaincs, avec l'évidence, que l'expression « petit père » ou « petite mère » est courante chez les Soviétiques !

Tsarine hautaine, debout, devant « ses gens » à genoux et en guenilles... L'impératrice rouge enjambe les corps de ses sujets amadoués après leur avoir accordé quelques sous. La voici qui s'élance, frileuse et drapée dans ses fourrures, vers le porche de l'église... très orthodoxe.

Pour la première fois, je me retrouve à genoux sur ce qui doit être un prie-Dieu.

Pour la première fois je récite mains croisées ou plutôt je déchiffre avec application un *Je vous salue Marie*...

Il paraît que ces prières-ci font des miracles, m'assure le père Jean-René...

– Priez ! Vous serez entendue !

– Combien vous dois-je, monsieur ? Heu... mon père ?

– Ce que vous voulez, mon enfant ! C'est pour l'Église.

Je repars – moi, la p'tite Juive – avec dans mon sac, soigneusement repliées, les prières du *Notre Père* et du *Je vous salue Marie*, traître impie que je suis !

Après les cartomanciennes, les exorcistes, les voyants et les médiums, après Jésus, je me suis sentie si petite, si flouée que je me suis mise à songer à l'univers en son entier, petit grain de riz happé dans un monde de brutes.

– 20 –

Navigateurs de l'infini

Puisque personne ne peut rien pour moi, je pars en chasse d'un nouveau miracle apte à me venir en aide : « la pensée positive ».

Si les cartes me précipitaient dans les bras du « pendu » ou du « haut de la tour penchée de la maison Dieu », si mon « pendule » répondait « non » à toutes mes questions, si le prêtre exorciste m'assurait que je m'étais envoûtée seule de Jean Yanne et que c'était à moi et à moi seule de m'en défaire, quelle solution me restait-il pour sortir de mon marasme ?

Les années passaient, l'eau coulait sous les ponts de Paris avec sur mon corps en défaite l'idée fixe (au parfum de cristallisation stendhalienne) qui ne me menait nulle part ailleurs que dans le labyrinthe étouffant d'une détresse obsessionnelle.

Je décidai d'en finir. D'en sortir.

*
**

Il était une fois, rue du Bac, une jeune femme de trente ans qui apprenait la sophrologie...

Pour tenter de souffrir moins sans « lui », la jeune femme apprend qu'elle a une âme et qu'elle peut s'en servir. Que cette âme, elle peut l'apprivoiser, la toucher, l'exhorter. Que la pensée peut devenir positive.

Cette jeune femme de noir vêtue – triste comme un brouillard sur Londres, maladroite comme une débutante mais prête à tout pour tenter de t'oublier –, cette jeune femme abattue, c'est moi en 1977, chez la comtesse Gabrielle Dandlau, rue du Bac.

*
**

Elle me fait asseoir dans un fauteuil bas genre crapaud.

Elle est belle, elle est piquante, une sorte de Lauren Bacall en brune.

Il y a des bougies partout, cela sent la messe.

Elle doit tout faire, dans cette pièce minuscule. Recevoir, manger, boire. Elle est sophrologue, Gabrielle.

La comtesse de Dandlau croise et décroise ses longues jambes gainées de bas de soie tandis qu'elle côtoie les anges auxquels elle s'adresse en pouffant de rire...

– C'est qu'ils ont un humour, là-haut, chère Nicole ! Cela m'enchante !

Elle ne sait même pas que c'est elle, l'enchanteresse.

À la Nicole, Gabrielle Dandlau apprend à prier, à dérouler son plexus, à plonger dans son inconscient, à visualiser en rose.

Elle lui enseigne des mots et des phrases magiques comme : « Le père et moi, nous ne faisons qu'un », ou : « Je te mets dans la grande lumière blanche... » Ça me change de ta litanie : « La vie est une tartine de merde dont on mange un morceau tous les jours... » Cela dit, les lèvres pincées, je reste concentrée sur l'effort et, en élève studieuse – même parfois au bord du fou rire –, je m'applique.

Hélas ! Au lieu de dire : « Je te délie, Jean et je te libère » pendant toute une semaine en attendant mon deuxième rendez-vous chez Gabrielle ma sophrologue, je dis : « Je te dilue, Jean, et je te libère. » J'ai encore de la route à faire sur le chemin de ma spiritualité !

Résultat l'effet souhaité s'inverse, j'ai le *kick-back* ou le boomerang de mes affirmations de sorcière : au lieu de trouver la sérénité et le détachement, je ne ressens que haine et jalousie !

Gabriel a décidé d'employer les grands moyens avec moi.

Comme elle me trouve douée (malgré mes maladresses) et que mes invocations à « l'être supérieur » restent pures, je saute une étape puis une autre et passe à la dernière. Attention : cela fait plus de deux ans que je travaille avec elle sur la pensée positive, lorsque...

Il était une fois une beauté brune et ravageuse aux yeux turquoise, aussi inflexible que le cuir des ses bottines lacées, aussi cruelle que « Cruella » aux ongles acérés, au port de taille divin, à l'âme tout à fait noire et avec une voix de sirène à rectifier plus d'un travail d'Hercule.

Il faisait chaud comme aujourd'hui, la mer était de la couleur de mes yeux, et la terre en vue...

L'homme qui souffre de mes espiègleries sans cœur et de mon indifférence est à genoux. Il est le capitaine du bateau.

Si l'on croit aux légendes, ou si l'on n'y croit pas mais que l'on aime à se raconter des histoires, il était donc une fois une très vilaine Nicole qui poussait la chansonnette façon lyrique et criarde du temps des colonies et qui se plaisait à foutre la rate au court-bouillon d'un sacré capitaine de corvette à la barbe taillée, tout de blanc vêtu, en uniforme aux galons dorés aveuglant de soleil.

Je me concentre encore, je sens bien que la femme à l'ombrelle c'est moi, la comtesse de Dandlau respire à peine, on n'entend pas une mouche voler ni le piaillement d'un oisillon dans sa courette aux graviers lisses. La bougie vacille, j'ai fait le grand saut. Me voici en prise ou en proie à la vision toute romanesque d'une vie antérieure. Le changement de niveau de conscience a opéré !

*
**

Il était une fois Jean... Je me penche sur toi, ce 26 mai au matin de cette année 2003. Je te découvre dans ton cercueil à la morgue, le corps rebondi, la poitrine fière, la barbe bien taillée. Tu es devenu ou redevenu mon capitaine à la dégaine ronde et impeccable.

Incarné ou désincarné, le lien qui me liait à toi était, j'en suis certaine, un lien karmique.

Ne m'as-tu pas dit à un feu rouge, place du Trocadéro, dans une ultime randonnée en voiture :

« En me quittant, tu vas déranger l'ordre des dieux de l'univers » ?

Visionnaire, va !

Riez, pleurez, moquez-vous, ou bien tremblez à votre aise... Le Jean et la Nicole se connaissaient depuis belle lurette ! Il y a bien longtemps qu'ils avaient fait connaissance, voici pourquoi à l'instant où leurs regards se croisèrent sur la place Colette, au pied de la Comédie-Française, c'en était fait de ces deux-là !

Les navigateurs du temps infini pouvaient enfin jeter l'ancre en plein Paris.

– 21 –

En bas noirs

– Tu vas déranger l'ordre des dieux de l'univers !

Sans me douter que cette phrase était prophétique, je m'obstinais à te quitter – toi mon sage qui savais, qui connaissais tout de moi mieux que moi-même. Et depuis combien de temps ? Depuis la fin des temps.

Tu as donc tant souffert par ma faute, pour qu'à ta mort je me sente étrangement libérée de ce poids que j'endure depuis près de trente ans ?

En t'en allant, tu viens de me faire le cadeau de ma libération, tu me redonnes la vie.

Depuis cette matinée absurde, cette décision contre nature du 4 juillet 1975 où j'entassai, dans mon Austin jaune, mon nécessaire à essayer de vivre sans toi, tu m'as dis simplement :

– Va ! La porte est ouverte mais je vais aller dormir quelques jours à l'hôtel. Et n'oublie pas de porter des bas noirs pour mon enterrement !

Tu m'as devancée sur le palier au marbre veinuré.

La porte de l'ascenseur, tu l'as refermée sur toi comme le couperet d'une guillotine.

Daterait-il de cette minute précise, l'enfermement de mon âme, de mon karma ou de mon isolement ? Dans ma précipitation à me débarrasser de toi, je m'enfermai dans un enfer, dans une folie murée.

Dans ma précipitation à essayer de t'échapper, je commençai à jouer mon *Huis clos* de Sartre, mon plus beau rôle...

Depuis ce matin où je t'ai perdu à jamais, pas un seul jour je n'ai cessé de penser à toi, de te parler et de me dire :

– Alors, Jean ? On se le prend quand, ce p'tit café ?

Comment aurais-je pu imaginer que ce serait *là-haut* qu'on se le prendrait un jour, notre petit crème, toi et moi, sur une table de bistrot bancale, en équilibre sur un nuage ?

Jean, pour moi, tu étais immortel.

Maintenant c'est moi qui dois apprendre à vivre sans toi. Je suis enfin désenvoûtée et face à moi-même. Les barreaux de ma prison viennent de fondre comme glace au soleil dans ta chambre mortifère. Il faut croire que reliée au spectre d'un infrarouge lointain, l'énergie de ton soleil m'attendait au pied de ta dépouille comme un coup de tonnerre. Je ne dérangerai plus jamais l'ordre de tes dieux de l'univers. Et puis tout est trop tard et à jamais consommé.

Il va falloir que je m'ôte des méninges que tu ne feras pas la connaissance de mes enfants, ni celle de mon mari, que tu ne reverras plus jamais mon père au Champ-de-Mars, ni mes rides autour des yeux... J'aurais tellement aimé que tu les voies, ces rides, toi qui m'as connue toute petite, toi qui m'as faite ce qu'aujourd'hui je suis devenue.

J'ai décidé un jour que nous ne vieillirons pas ensemble. Quant à mourir sans toi, c'était inimaginable.

*
**

Il faut que je pense à m'acheter des bas noirs.

Entre les mains de mon coiffeur, mes cheveux sont propres, raidis, brillants. Ginette me rappelle pour les fleurs, le choix des fleurs, la couleur des fleurs pour ton enterrement.

Je suis fourbue de toi qui me harcèles à chaque pensée. Tu es incontournable, tu es là, partout. Dans la rue, chez moi, à mon bureau. Ta voix, il ne faut pas que je la perde ! Ces intonations qui font que tu es encore vivant.

Je choisis la cassette du *Recto Verso* de Paul Amar qui t'était consacré il y a quelques mois.

Ça y est, j'y suis ! Ta voix mise en images me saute à la figure.

Tu es à nouveau bien là devant moi. Quelle mauvaise blague que ta mort, à laquelle personne ne veut croire !

À l'hôtel Alexandra, avenue Victor-Hugo, j'ai reçu les journalistes pour ton émission. C'était un début d'après-midi gris, l'hôtel était en travaux. Entre les pauses des marteaux piqueurs on glissait les questions et les réponses, la caméra filmait nos photos.

Je donnai la liste de tes amis et des miens qui auraient des choses à dire... Durieux, Tito Topin, Ginette Garcin, Saada, Daniel Prévost.

Pendant l'interview j'essayai d'être la plus neutre possible, à l'écoute de ce que toi seul tu entendrais par ma bouche.

Je livrais enfin, enfoui dans mon cœur, ce secret que tu m'avais révélé. Faire l'acteur était dérisoire, faire une commode un art.

Le soir de la retransmission de *Recto verso*, lorsque ce fut mon tour de m'adresser à toi, tu dis simplement :

– Oui, Nicole n'a pas tort...

Nicole par-ci, Nicole par-là, en gardant les yeux baissés, et puis aussi « Nicole a raison »...

Aussitôt je reçus des appels sur mon téléphone fixe et sur mon portable en même temps. Mes copines, mes sœurs, l'une après l'autre.

– Tu as entendu, il a dit « *Nicole* »... Tu as vu,

il a dit que tu avais raison ? Il a prononcé ton prénom ! Il a dit « *Nicole* » ! Il a dit *Nicole* !

Le chœur de la famille Adam's du boulevard Flandrin, renaissant de ses cendres, se déchaîne après vingt-cinq ans de purgatoire.

Nicole était enfin sortie de ton purgatoire.

J'en ai les larmes aux yeux pendant l'émission, et de nouveau vingt-cinq ans...

Mon mari, Jean-Marc, me regarde, me sourit, me prend la main : il comprend.

– 22 –

Le cœur en écharpe

Mon portable sonne. c'est Gilles Durieux. Ma tête humide enveloppée dans un turban d'éponge, je traîne les pieds sur les marches de l'escalier de mon coiffeur.

– Oui, Gilles, j'ai pu le voir et lui parler... Merci, Gilles, de m'avoir laissée venir au funérarium. Il était beau, Gilles, merci. On s'appelle ce soir... Pour l'enterrement... Oui, Gilles !

Lorsque je jouais avec Michel Sardou *Bagatelles* au théâtre de Paris, en 1998, j'étais en pleine écriture d'un roman qui s'intitule *Je n'irai pas jouer*, et qui a paru chez Ramsay.

Ce qui est pratique, lorsqu'on joue au théâtre, c'est qu'on se recrée une boîte aux lettres ! Combien d'amis perdus de vue, combien de camarades d'enfance retrouvés dans une loge...

Des membres d'une famille délaissée et d'anciens

amis vous retrouvent en se payant une place pour venir vous applaudir et vous faire la surprise de vous attendre en coulisses, c'est délicieux !

Un soir on frappe à ma porte, et c'est toi, Gilles.

Je te saute au cou, tu as lu dans les journaux où je jouais, avec qui, et ce que j'étais en train d'écrire... Arrêt sur image, tu es devant moi, chargé de mon passé avec Yanne.

– Comment va Jean ? est la première chose que je m'entends te demander tandis que je me démaquille.

– Il va bien ! Il a eu un enfant, tu sais, un beau petit garçon qui s'appelle Jean-Christophe. Il en est fou. C'est toute sa tête et il a l'intelligence de son père. Un enfant extraordinaire. Je suis son parrain et j'en suis très fier. Tu écris sur Ève Lavallière ? C'est incroyable, je fais des recherches sur elle aussi depuis des années ! je rentre des Vosges où je suis allé sur sa tombe !

– Ève nous réunit après toutes ces années... C'est magnifique !

Gilles me donne ses nouvelles coordonnées et je lui donne les miennes après lui avoir détaillé avec amour les photos de mes deux fils adorés qui trônent et envahissent de leur blondeur et de leurs sourires la tablette de ma loge entre les pots de crème, le texte de la pièce et le maquillage de scène.

Lui qui avait été conduit dans ma loge de théâtre par notre actrice fétiche, l'incomprise Ève Lavallière, je ne perdis plus jamais Gilles de vue et nous recommençâmes à nous écrire depuis cette représentation de *Bagatelles* au théâtre de Paris.

Ses cartes, son papier à lettres, ses enveloppes ornées de portraits de femmes sur fond bleu turquoise, avec une voile au loin et un phare, je les garde comme des reliques. C'est Gilles qui me permet d'avoir des nouvelles de toi, Jean, c'est encore Gilles qui me mènera à toi pour la dernière fois.

Sur les conseils de Gilles Durieux, je t'adresse la pièce de théâtre que j'ai adaptée : *Spécial Occasions*, de Bernard Slade.

Grâce à Gilles, j'ai enfin ton adresse dans le XIVe, rue de la Sablière.

Jamais je n'oserais t'importuner au téléphone. Je ne les ai jamais demandés à personne, tes numéros privés.

Avec cette pièce dont j'avais acquis les droits, je t'ai envoyé la lettre suivante :

Paris, le 12 octobre 2000.

Mon Jean.

Si tu as envie de te retrouver chaque soir bloqué au même feu rouge dans les embouteillages en vue de dire chaque soir les mêmes mots pendant de longs mois, avec la même et unique partenaire qui serait moi,

Si tu as envie de te préparer avant d'entrer en scène dans un logis de cinq mètres sur quatre plus communément appelé loge, et tout cela dans le but de gagner beaucoup beaucoup d'argent, fais-moi signe !

Ta Nicole.

P.S. On peut aussi prendre un p'tit café ou déjeuner avec Gilles ? Qu'en dis-tu ?

La semaine suivante, alors que je suis occupée à faire dorer dans la poêle des croque-monsieur pour mes deux fils, le téléphone sonne et je tends un oreille vers le répondeur du salon. Le beurre crépite, mes quatre yorkshires aboient en se chamaillant sur le parquet glissant. Agacée par leur vacarme, un torchon sur l'épaule, je me dirige vers le salon et j'entends une dernière phrase avant quelques bips.

– Voilà, c'était Jean, ton vieil acteur...

Ce n'est pas vrai ! La seule fois où tu m'appelles, je te rate !

Je remets mon répondeur au début du message qui dit :

– C'est moi, c'est Yanne ! J'ai reçu ta pièce. Pour le post-scriptum, à savoir le p'tit café ou le déjeuner, c'est bien entendu d'accord. Pour le reste, pour la pièce... ceci est une autre histoire. Je ne pense pas ! Je t'embrasse... Voilà, c'était Jean, ton vieil acteur !

Bip bip ! fait le répondeur avec mon cœur en écharpe, comme si, soudain fatigué, il ne fonctionnait plus très bien ni sur piles ni sur secteur. Bien entendu, tu ne m'as pas laissé de numéro de téléphone. Je n'ai jamais pu te rappeler.

De toute manière, avant mes retrouvailles avec Gilles, je te croyais encore et toujours aux États-Unis... Certains s'en souviennent !

*
**

1983. Une pile de livres sur un bureau de bois clair. Il s'agit du service de presse de mon premier roman. Par ordre alphabétique, je signe ou je dédicace *La Folle Enfant*. J'ai bien travaillé, mon après-midi de signatures s'achève. J'allume une cigarette. L'instant est jouissif car le dernier exemplaire de la pile me tend ses pages et se tord d'impatience : il est pour toi, mon Jean.

Entre 1983 et 2003 j'ai publié sept romans et à chaque service de presse, calé au fond de la poche de mon *jean*, ou roulé en boule au fond de mon sac, il y a ta précieuse adresse (la plus récente) que j'ai réussi à me procurer comme des tickets au marché noir.

À la lettre « Y », à chaque fois je prends ma respiration, « son tour » va arriver. Le tour de Jean. Mes attachés de presse le savent. Attention, détournons poliment les yeux, elle va dédicacer son livre à Jean Yanne, la Calfan.

Los Angeles, Miami ou rue de la Sablière, la voici qui embarque, la Nicole, le menton légèrement levé, les yeux étirés vers les tempes ; elle est prête, elle va y aller de sa dédicace à Jean. Attachez vos ceintures, éteignez vos clopes.

Les mouches se posent sur les dessous de tasse, l'eau des radiateurs se retient, celle des toilettes est en suspens, dans la rue les Klaxons se taisent, les essuie-glaces se paralysent, Nicole va y aller de sa dédicace pour Jean.

T'écrire c'est t'aimer...

Comme je l'ai déjà dit : puisque tu ne lisais plus mes lettres, je me suis décidée à écrire des livres.

*
**

À un feu rouge, boulevard Malesherbes, la première fois que je te vis avec Mimi Coutelier, c'était à la sortie d'un magasin de sport.

Du sport, tu n'en faisais pas et ma haine pour elle en fut encore plus terrible.

Vous portiez tous deux des parkas de ski.

Du ski, de mon temps tu n'en faisais pas, et ma jalousie en fut décuplée.

La deuxième fois, vous étiez vêtus de joggings blancs, avec la même casquette américaine rouge *made in* USA. De mon temps tu ne courais pas, tu ne faisais pas de jogging.

Tu t'étais garé dans « notre Mercedes » couleur framboise écrasée devant chez « mon » coiffeur, Jean-Louis David.

Ta belle reposait la tête en arrière, assise à « ma place », dans notre Mercedes décapotable avec un petit yorkshire sur ses genoux. Tu la rejoignis puis démarras doucement sans qu'elle ne s'éveille et le yorkshire sauta sur tes genoux.

De mon temps tu ne portais pas de jogging, tu ne faisais pas de jogging, tu ne portais pas de casquette américaine rouge puisque ce fut sans moi et avec elle que tu découvris les Amériques.

À mon époque, c'est ma petite yorkshire Penny que tu aimais.

C'est moi que tu aimais et que tu venais chercher dans la Mercedes framboise écrasée décapotée chez Jean-Louis David, avenue Pierre-Charron.

De mon temps, tu disais que tu ne pouvais vivre qu'avec moi, que les hommes et les femmes n'étaient pas faits pour vivre ensemble, parce qu'ils avaient un sexe de différence.

Tu me manques.

Pour te faire plaisir, j'aurais bien volontiers émasculé ton sexe pour qu'il ressemble au mien.

Ou bien je t'aurais laissé m'en implanter un pour que nous soyons uniques et encore plus proches. Plus de différence. Plus de sexe de différence.

Pour te plaire ou me rassurer.

Pour me plaire et te rassurer.

Il a fallu que tu en trouves un autre tout de suite après moi, de sexe de différence.

Chez une plus grande, une plus blonde, une plus belle, une plus douée pour l'amour. Plus naturellement douée.

Pour une vraie femme qui n'a pas cru un seul instant en tes propos sexuels délirants, voire pour celle qui n'a pas voulu les entendre ou qui ne les a pas compris. Ou bien encore pour cette jolie femme, toujours la même, à laquelle tu n'en as jamais soufflé mot.

– Si on ne s'empoigne pas le premier soir c'est foutu, me disais-tu.

En ce qui nous concerne, toi et moi, je crois que c'est l'âme que l'on s'est empoigné, l'âme jusqu'à l'os, l'âme jusqu'à la transparence. On a visé très haut. Très loin, très au-delà... ailleurs. Et dès le premier jour !

Pour se mettre dans tous ces états, le sexe n'y suffirait pas.

Avec celle qui m'a succédé, vous vous êtes sans doute empoignés, et dès le premier soir.

Tant mieux, puisque c'est à cette simplicité que tu croyais. Il faut dire qu'avec toi, moi j'avais pris tout mon temps.

Mon temps pour te laisser me faire la cour et pour te regarder me la faire, délicieusement accoudée au-dessus des nappes de coton blanc, auprès des bougies languissantes.

Avec toi j'ai joué mon plus beau rôle dans la vie,

celui que je devais jouer sur la scène de la Comédie-Française et que tu m'as empêchée de tenir. Je ne jouerai jamais, à cause de toi, cette *Ondine* de Giraudoux.

Sous mes draps roses de jeune fille, chaque matin était le matin où tu ne m'avais pas encore embrassée, le soir celui où je ne t'avais pas encore appartenu, telle Ondine et son cher Hans.

C'est que je le savais, moi, que « ce sexe de différence » que tu évoquais souvent faisait toute la différence... Que cette retenue inexplicable, cette pudeur à se rejoindre nous dépassait, nous soudait l'un à l'autre comme des siamois rattachés par un morceau de chair à l'intérieur. Je le savais, que notre attachement était ailleurs, venait d'ailleurs, impalpable, invisible, profond, si profond.

Au-delà de la sexualité, et plus près de la gémellité. Deux âmes sœurs.

Ou un père et sa fille...

Comme les deux mats d'un jeu de tarot, perdus, égarés, très proches et solitaires. Le jeu de cartes m'est tombé des mains je ne sais plus où. Toi mort et moi encore un peu vivante.

*
**

À la remise des premiers Césars, salle Pleyel, je me mis à trembler comme une feuille en annonçant le gagnant car je venais de t'apercevoir au premier rang avec elle. Je bafouillai, j'en avais le vertige, ta présence à cette cérémonie avec ta nouvelle fiancée me fit perdre contenance.

Les lignes s'échappaient, ondulaient en montagnes russes comme à la lecture d'un électrocardiogramme, sortaient de leurs pleins et de leurs déliés. Sur le papier cartonné, le nom de l'heureux primé se dérobait et il me fallut l'aide de Pierre Tchernia pour venir à bout de mon texte.

Quelques années plus tard, à un déjeuner dominical à la brasserie La Lorraine, tante Suzanne me dit :

– J'ai revu *Le Marin grec*, avec Yanne, le film est repassé à la télévision hier soir...

Je lève les yeux de ma choucroute et voici que tu pousses la porte du restaurant. Mimi Coutelier t'accompagne, plus blonde que jamais, et vous vous installez près de la terrasse sur la rue.

Tu portes un manteau de lainage beige, le col relevé, Mimi de la fausse fourrure blanche.

À mon frère qui déjeune en face de moi, je dis :

– Jacques, ne te retourne pas, il y a Jean qui vient d'entrer dans le restaurant ! On ira lui dire bonjour en partant, si tu veux bien...

– Si cela te fait plaisir. Pourquoi pas, ma petite sœur ?

Au café je ne tiens pas en place et j'embarque mon frère avec ma belle-sœur Néna, la tante Suzanne et papa vers la table de Jean. Il me faut au moins ce rempart des Calfan pour oser t'affronter...

Mimi m'embrasse chaleureusement en se levant :

– Cette Nicole, toujours aussi belle ! Regarde, Jean, et pas une ride ! Comment tu fais ? Tu es ravissante !

Toi, en t'essuyant la bouche, tu fais un peu la gueule mais tu y vas quand même de ta bise à mon papa, à ma tante Suzon, à toute ma petite famille Calfan que tu aimais et à laquelle il manque désormais ma maman.

J'espère bien que tu l'as appris...

Comme tous les hommes que j'ai fréquentés et amenés chez mes parents, aucun ne trouvait grâce aux yeux de mon père ou à ceux de mon grand frère. Comme par enchantement, le jour où je les quittais, toute la famille les trouvait merveilleux. Avec le recul, n'est-ce pas... Avec le temps...

Ainsi Jean est devenu chez nous un mausolée, voire un mythe, alors que du temps où il s'asseyait avec sa main dans la mienne sur le canapé de daim bleu au Champ-de-Mars, chez mes parents, sous la tapisserie de Raoul Dufy reproduite par les Gobelins, il avait tout d'un affreux jojo, d'un provocateur de treize ans mon aîné qui enlevait la fifille de la maison à son papa sans la moindre envie de demander sa main en gants blancs, comme l'exigeaient pourtant le protocole et la bienséance chez les Calfan.

Mes parents te croisèrent un jour de printemps 1978, devant la conciergerie du King David à Jérusalem, et encore une fois, bien entendu, tout le monde y alla de son petit compliment.

Enfin, c'est Jean-Marc mon mari qui me dit il y a trois ans, au stade de France :

– Derrière nous, il y a Jean Yanne ! Tu devrais aller lui dire bonjour !

Tandis que Johnny allume le feu du stade et que tout le monde danse debout, ta vieille fiancée que je suis devenue se demande de quoi elle a l'air.

Avec ma casquette, j'ai tout d'une rockeuse, je fais jeune mais pas ridicule, je me sens jolie dans mon *jean* Levi's et mes Converse All Star.

Le cœur ne me bat pas trop vite, les cils non plus. Tout va bien se passer, mon corps est à mon écoute, il est discipliné.

C'est le dernier rappel avant l'entracte.

On quitte notre loge présidentielle pour aller boire un verre avec les VIP de notre délicieuse hôtesse Brigitte Leconte.

Je vais vers Jean, très calme, je me sens prête.

– Bonjour !

– Oh, tiens ! Bonjour ! Cela fait un bail !

Tu m'embrasses sur les deux joues.

– Je te présente Jean-Marc, mon mari...

Ton parfum retrouvé me percute. Toi aussi tu portes une casquette que tu retires pour nous saluer. Tes cheveux ont blanchi, ta barbe te donne l'air d'un sage. Ton imperméable couleur mastic te donne de faux airs d'inspecteur Colombo. Tu es magnifique.

– Moi, je te présente... ma compagne Christiane et mon fils, Jean-Christophe.

– C'est toute ta tête ! Bonjour, Jean-Christophe ! dis-je un peu enjouée.

– Bonjour madame ! Le petit s'esquive vers sa mère.

– Il voulait voir arriver Johnny en hélicoptère ! me dis-tu, presque en t'excusant.

– Moi aussi ! je réponds, très niaise.

– C'est pas tout ça, dis-tu sarcastique, la culture...

– Ça donne soif... Je sais !

Tu me regardes en ajoutant :

– Oui ! Cela fait un bail ! Vingt-cinq ans et cinquante-deux jours ?

Un vieil ange passe. Courbé, les ailes rognées et jaunies, il passe, le vieil ange.

T'a-t-il soufflé ton texte ? Était-ce une boutade ? Sûrement ! Mais le nombre des années écoulées était juste.

Tu regardes tes *boots*. Je regarde mes baskets lacées.

Tu te racles la gorge.

– Elle était bien, ta pièce... Je t'ai téléphoné ! Mais tu sais... moi et le théâtre !

Tu prends une flûte de champagne sur un plateau d'argent à un serveur qui passe.

Jean-Marc m'en tend une.

Tu bois en solo, sans me regarder, puis les yeux battus tu dis :

– Il n'y a pas grand monde qu'on connaît, hein ?

Je réponds, en langage subliminal :

– Bien sûr que non, presque tous nos amis sont morts !

– 23 –

Mon être ouvert

Nous sommes le 23 mai 2003. Il est 3 heures de l'après-midi.

Je marche dans l'avenue Victor-Hugo.

J'ai le cafard. je pense à mon fils Jérémy qui a décidé d'aller vivre avec son père... Ce cafard qui m'enveloppe et dans lequel je me vautre à chacun de mes réveils, drapée de désespoir comme dans une couverture de survie.

Sur le trottoir, je regarde mes pieds nus bronzés dans mes sandales plates. Ils vont sur le trottoir désenchantés, ils marchent tout droit, ils ont appris à me conduire à la corde, en toute circonstance et dans tous les virages de ma vie. J'ai toujours eu, paraît-il, de très jolis pieds. Ils me portent et me supportent.

– Regardez ses petits pieds sur scène ! Nicole est une voltigeuse ! disait Françoise Seigner à la Comédie-Française...

Les passants passent ; un passant, c'est fait pour passer sans s'intéresser à votre cafard.

Allez savoir pourquoi, je n'ai plus envie d'avancer.

« Où sont l'amour, la beauté et la vérité que nous cherchons ? » comme l'écrit Shelley.

À la terrasse de chez Béchu, un boulanger-pâtissier de mon quartier, il me faut faire une halte, je ne tiens plus debout.

Je commande un capuccino avec un palmier bien brûlé. Lorsque j'ai envie de palmier, c'est que l'heure est grave et que mon angoisse a besoin de se nourrir de mes sentiments.

– Un capuccino et un palmier bien doré, presque brûlé, s'il vous plaît !

Je regarde à nouveau mes pieds nus dans mes sandales achetées parmi les souks de Tunisie avec mon plus jeune fils Michaël. L'une des semelles se décolle légèrement, mais la couleur de ma peau va bien à leurs lanières ficelles.

J'ai envie de parler à Ludmila Mikaël.

– Mila ? Ça va ?

Son silence marqué sur mon portable m'étonne.

Et pourtant elle est présente, je l'entends respirer.

– Ludmila, c'est moi ! C'est Nini !

Silence au bout de la ligne.

– Alors tu ne sais pas ? se décide-t-elle.

– Je ne sais pas quoi ?

– Non, je ne peux rien te dire ! Tu es où, tu fais quoi ?

– On m'apporte un capuccino, je suis à une terrasse de café !

– Où ?

– Avenue Victor-Hugo ! Qu'est-ce qu'il y a ?

– Je ne veux pas que ce soit moi qui te l'apprenne !

– Ludmila ? Qu'est-ce qu'il y a ?

– Une très triste nouvelle ! Je viens de l'entendre à la radio. C'est trop dur...

– Pierre Mondy ?... Duchaussoy ?

– Non. Plus proche.

– Mais qui ?

– Très proche. Je ne peux pas, Nicole, je ne peux vraiment pas...

– Parle-moi ! Je ne vais quand même pas demander dans la rue...

– Tu vas avoir trop de peine !

– ... Ah ?

– Je viens de l'entendre aussi sur LCI... C'est... c'est... Jean !

– Oh non, ce n'est pas possible ! Pas lui !

Les pigeons, les serviettes en papier s'envolent.

Mes larmes font des trous à la surface de mon capuccino.

Je pose mon portable, je ne peux que sangloter, la tête dans mes mains.

– Allô ! Allô ? insiste Mila au bout du fil.

– Il valait mieux que je l'apprenne par toi, je t'assure.

– Non, je ne sais pas !

– J'appelle... j'appelle Ginette Garcin tout de suite. Je t'embrasse, Ludmila !

– Ginette ! C'est moi. [*Je l'entends pleurer.*] C'est moi c'est, Nicole !

Les sanglots de Ginette en deviennent plus aigus.

« Alors c'est donc bien vrai, je me dis. Il est bien mort... »

Je reste clouée à ma chaise de fonte, j'ai allumé deux cigarettes en même temps.

– Avec Jacqueline, c'est toi qu'il a le plus aimée, me chuchote-t-elle dans le combiné en essayant de reprendre sa respiration. Il voulait t'épouser, il voulait te faire un bébé ! Tu le sais bien, Nicole ?

Non, je ne l'ai jamais su...

Table des matières

TOI L'OURS, MOI LA POUPÉE

Deuxième partie
Après toi

Direction littéraire
Huguette Maure
assistée de
Maggy Noël

Crédits photographiques

- D. R. : pp. 1 (bas), 2 (haut et bas), 3 (haut et bas), 4 (haut).
- B. Prim : pp. 4 (bas), 5, 6 (haut et bas).
- Agence de presse Bernand : pp. 1 (haut), 7 (bas).
- Gérard Neveu : p. 7 (haut).
- Alain Denize/Kipa : p. 8.

Composition PCA
44400 – Rezé

Impression réalisée sur CAMERON par

BRODARD & TAUPIN
GROUPE CPI

La Flèche

pour le compte des Éditions Michel Lafon
en février 2004

Imprimé en France
Dépôt légal : février 2004
N° d'impression : 22442
ISBN : 2-7499-0054-9
LAF 515